障礙者的愛與性

幽黯國度

陳昭如

目次

一、汙名

那是入冬以來罕見的晴天，午後陽光正熾，我們就著暖暖的草皮席地而坐。我說，南部好熱喔，不像臺北，冬天總是又溼又潮，討厭死了。

「是喔，」她說，小小的臉尖尖的，嘴唇抿成一條線，看起來有點嚴肅。

我小心翼翼地開始探問，斟酌著每個問題，深怕一個不經意的眼神，一個不恰當的用語，明明是善意，卻造成她沉重的負擔。聽障的她被性侵多次，那是個哀傷到了極點的故事。[1]

她的口語表達能力極好，只有少數問題才必須透過筆談。我問她，一直談這些，會不會覺得不舒服？如果不舒服的話，一定要跟阿姨講喔。她搖搖頭說，還好啦，有著超齡的成熟與淡定。

「我們可以聊些別的呀，你覺得呢？」我說。

「那要聊什麼？」她瞪大眼睛，好奇地看著我。這時，她總算像個十六歲的少女了。

「你想聊什麼？」

她歪著頭想了一會：「我可以跟你說一件事嗎？」

「可以啊！」

她悄悄告訴我一段正在進行中的戀情，興奮的臉龐紅撲撲的，眼睛還閃著光。那麼熾熱的愛戀，那麼糾葛的情緒，聽得我目瞪口呆，我有點兒希望她別再說了，她卻不想就此打住。凝視著她美麗無瑕的臉龐，令人無力招架的笑容，我想像男人見了她，總是又舔舌頭又吞口水，像是在玩味嘴裡的糖漿……

我不能再想下去了，情緒到了舌尖脫口而出：「你要懂得保護自己，知不知道？萬一發生什麼事的話……」她急急打斷我，笑著回應：「不會啦，你放心，我知道怎麼樣不會生小孩！」有那麼一秒鐘，我覺得她像是在取笑我的天真。

遠方傳來聲聲呼喚。我指指她後方說，欸，有人在叫你了。她用手肘撐住身子站起來，拍拍沾在褲子上的泥巴，把食指放在嘴巴上，示意我什麼也別說，一溜煙跑開了。

看著她的背影，我不覺憂心忡忡。人生經過那麼多波折，擁有甜蜜的愛情，一直是她的心願。如今她總算如願以償了，為什麼我卻高興不起來？這樣的感覺我說不上來，也難以解釋。

直到看了《鐵肺人生》（*Breathing Lessons*），才發現了令我困惑的原因。這部片子記錄美國詩人馬克・奧布萊恩（Mark O'Brien）的故事。他因為罹患小兒麻痺症導致脊椎扭曲變形，無法自行呼吸，必須躺在金屬圓桶狀、有如鐵肺的負壓器裡，才得以維持生命。但他不甘心人生只是如此，他渴望擁有更多。三十八歲那年，他透過性代理人（sex surrogate）的協助，享受了魚水之歡，也找回了身為（男）人的自信。

一個四肢癱瘓、隨時隨地與死亡角力的人，為什麼對性如此執著？難道沒有了性，就失去活下去的意義？他寫過文章道盡對性的焦慮：

> 即使我已經不再與父母同住，我依然活在他們隨時就在身邊的感覺，還有他們對情慾、尤其是對我的情慾的否定之中。我想像他們有著知道我正在想什麼的恐

1 見《沉默——臺灣某特教學校集體性侵事件》，陳昭如，我們出版，二〇一四。

怖能力，渴望見到我有任何行為差池，就可以懲罰我。

每當我有性慾、或是想到有關性的事，就會覺得受到譴責並感到罪惡。我的家人從來不在我面前談性。我從他們身上學到的態度，不只是有禮貌的人從來不思考性，而是沒有人會想到性。除了家人以外，我不認識任何人，這樣的標準對我有很深的影響，讓我以為人們應該效法芭比跟肯尼那種「健康」的無性狀態（asexuality），假裝我們的身體沒有「下面」……我渴望被愛，渴望被擁抱、愛撫、珍惜……但我懷疑自己是否不配有人愛。[2]

世界讓他以為慾望很下流，而他努力想找出如何在世界立足的方法。

這樣的告白是如此真實，又如此坦白，不禁讓我想起了聽障少女。她的不幸際遇，我是同情的，而這樣的同情似乎隱含著她應該是「天真無邪」、「未經世事」，也就是沒有慾望的，如此才能使她的受苦具有正當性。但初熟迸裂的青春，終究是壓抑不住的，她對身體的醒悟，對愛與被愛的渴望，就跟每個人一樣，既然如此，為什麼她陷入熱戀卻會讓我不安？這樣的不安，除了是擔心她受害，是否也與追求慾望不符合我對「障礙者」、「受害者」虛弱而蒼白的想像？

長久以來，障礙者因性衝動導致不當肢體接觸、強凌弱的暴力行為，為避免性侵而摘除性器等現象始終存在，只是有的情況不算嚴重，有的顯露程度不足以引起注意，如此而已。為什麼會這樣？因為我們的教育體系、社福機構及社會輿論，向來視障礙者為無性、或去性別的存在，為了照顧方便，一律短髮、睡通鋪、集體更衣、集體洗澡；為了避免觸動慾望，從不認真宣導性教育，更遑論提供解決的方法。若性致來了，怎麼辦呢？就睜一隻眼，閉一隻眼吧。

當障礙者的需求無法被提及，就不可能被聽到、被看到、被意識到，進而被認為是不可能的存在。他們的慾望像是有道密密的封印，外界拚命阻擋它被揭開，以為只要牢牢守住這道防線，就可化解原始的七情六慾。但是，身體不說謊，慾望自會尋找它的出路。

二〇一三年，苗栗某教養院傳出院長凌虐院生的消息，院長義正詞嚴地說：「這些院生有性衝動，不打不行啊，他們有的還會到處亂咬，就跟狗一樣。我是在矯正偏差行為，不是在傷害他們。每次處理完，他們就會正常一陣子，家長都很感謝我，我這

2 "On Seeing A Sex Surrogate," Mark O' Brien, *The Sun*, Issue 174, May 1990.

是正常管教耶！」[3]

忘了在哪裡看過一句話：慾望不髒，慾望其實很痛。

天生沒有四肢的乙武洋匡能夠刷牙、梳頭、穿衣服、坐在輪椅上跑來跑去，到世界各地用自己的經歷鼓勵障礙人士，是每個人心目中的楷模。後來他傳出背叛結褵多年的妻子，與數十名女性發生不倫關係，立刻引發各界撻伐，網路酸民說他「股間不滿足」、「下體不滿足」、「五回不滿足」，名嘴毒舌更批評：「沒有腿也能劈腿，沒有手也能把妹，讓人重新思考男人到底需要什麼才能讓女人愛上，這我真的不懂。」

這樣的說法，讓漸凍人胡庭碩十分不以為然，他公開向名嘴喊話：

> 我是一個人，只是比起你，我多了身心障礙者這個身分。非常難過你用「天啊！身心障礙的人憑什麼讓他人愛上，身心障礙的人憑什麼可以經營許多段情愛關係」。這樣的隱含歧視，發表來羞辱身心障礙者族群地位……對於我們，就是再一次被幼稚化、無性化、無能化。也就是你們一次次的論述，我們才被視為：不能成為完整的人……。[4]

生理殘缺分明只是客觀的存在，然而隨之而來的汙名，卻讓障礙的肉身成了驚駭、脫序與罪惡的化身；而外界對障礙者的性淪於窺探、獵奇式的凝視，更讓他們的慾望在這樣的凝視中，被蓄意地貶抑與踐踏了。

障礙是個人的不幸，如何面對這樣的不幸，則反映了整體社會如何看待「障礙」這件事，包括對障礙（者）的認識，是否存在或隱或顯的歧視、生活環境無障礙空間的多寡等。美國障礙倡權者史黛拉．楊（Stella Young）說，障礙者的人生有如「勵志色情書」（inspiration porn），重點不在於他們有何傲人成就，而在於他們的缺陷可激勵人們心懷感恩，慶幸自己多麼健全。楊認為，盛讚「殘而不廢」背後隱含的意義是：障礙者做不到一般人能做的事，如果做得到，就是奇蹟。她並批評罕病滑冰選手史考特．漢彌頓（Scott Hamilton）的名言：「生命中唯一的障礙，就是負面的態度。」（The only disability in life is a bad attitude.）楊認為，就算障礙者再樂觀進取，也無法讓樓梯變成斜坡，換言之，障礙本身未必會構成障礙者的障礙，社會條件與文化情境的偏見，才是

3 〈毫無悔意！周本錡虐打院生惹眾怒　立委揚言廢院〉，社會中心綜合報導，東森新聞，二〇一三年十月八日，http://fashion.ettoday.net/news/279532。

4 〈宅神酸沒腿也能劈腿　漸凍人也怒了〉，盧麗蓮，《蘋果日報》，二〇一六年三月二十五日。

構成他們生存的障礙。[5]

因為對障礙（者）的誤解與成見，我們可以接納義肢登山選手、輪椅舞王舞后、顏面傷殘模特兒、四肢全無的成功楷模，卻無法想像他們需要性，就跟一般人沒什麼分別。

性是難題，也是禁忌。障礙者渴望身體的溫度與愉悅，卻被不公平的觀念給捆綁，猶如被囚禁在幽黯的國度裡，永遠見不得天日。文學、電影裡的愛與歡愉，隱隱地放著光，就像對面大樓裡的燈光，有如另一個世界。那是什麼？障礙者不清楚，但他們知道自己沒有；他們希望自己可以有，為什麼竟如此艱難呢？

回顧這一切，讓我不得不為這樣巨大而真實的痛苦感到駭然，從而對人性之滄桑心生憐憫，悲從中來。

5 摘自史黛拉・楊在TED的演講，見https://www.ted.com/talks/stella_young_i_m_not_your_inspiration_thank_you_very_much。

二、沉睡中的孩子

生命的出口

黃俐雅坐月子時便發現，昱昱總是閉著眼睛，日日夜夜有如陷入深沉的睡意，不願清醒過來。一旦睜開眼睛，就像京劇青衣的鳳眼扮相，後眼梢老是往上吊，眼白明顯比黑眼珠來得多。

那時全家仍沉醉在新生兒誕生的喜悅，沒人把這點小事放在心上。直到昱昱滿三個月，她拿著玩偶在他眼前慢慢繞著圈圈，或是用手指畫著直線或斜線，他不像一般嬰兒那樣眼睛好奇地跟著轉呀轉的，反而無動於衷。

醫師做了各項檢查，語氣不太肯定地說：「視神經可能有點問題，喉頭構造跟一般嬰兒不太一樣，心臟聽起來有點雜音，胃腸道怪怪的，肢體神經的反射也比較弱……再觀察一段時間吧！」

隔了幾週，丈夫含著淚告訴她，昱昱確定得了一種叫「貓哭症候群」（Cri-du-chat syndrome）的罕見遺傳性疾病，終生無藥可醫。

「貓哭症候群」？這是什麼？她盡可能查遍醫學書籍，只找到一段簡單的話：「多重障礙、弱智、哭聲像小貓，機率約五萬分之一。九〇%的病人在一歲前逝世，最常造成死亡的原因是感染，其次為其他先天性心臟或腎臟疾病。」

南臺灣的陽光燦爛依舊，路旁的鳳凰木蒼翠如昔，她的世界卻全走了樣。「那時候，我忽然想到人家說，不管發生什麼事，『明天的太陽依然會升起』，大概就是這麼回事吧！」她雲淡風輕地說。

她懷孕三個月時羊水破了緊急送醫，親友勸她趁早拿掉，她看著超音波螢幕上微微移動的黑影，一陣難以割捨的感動浮上心頭，心想，管他的，一切順其自然吧。懷孕七個月做產檢，醫師善意提醒：「小孩的頭怪怪的，有空白的地方，要不要考慮一下？」她覺得就算孩子缺手斷腳或腦性痲痺，再怎麼樣也是自己骨肉，婉拒了墮胎的建議。

當她得知她的兒子，她心愛的昱昱是多重障礙，沒有呼天搶地，也沒有哭得死去活來，反而顯得異常冷靜。「那時我只想到一件事：我希望他擁有短暫但幸福的人生！」她溫柔說道，明亮的黑眼珠躲在眼鏡後頭，閃著點點光芒。

昱昱口腔肌肉無力，沒辦法正常吸吮、吞嚥，無法正常餵奶，她把奶水擠出來，再用吸管滴在嘴角，讓他慢慢舔進嘴裡。昱昱經常流口水，平躺時很容易嗆到，她讓兒子趴著睡，每隔幾小時再把頭轉到另一側，更換被口水沾溼的枕巾。昱昱肌肉張力低，全身軟趴趴沒有力氣，她仔仔細細替他按摩，拉著他手腳做點肢體律動，溫柔地跟他說話，唱歌給他聽，刺激他的感官。

等昱昱大一點了，她抱著他跑來跑去，領著他欣賞身邊的景物，牽他的手摸摸花草，感受風，領略雨，指著天上的星星、月亮給他看。漸漸的，昱昱發現媽媽剪頭髮，或是姊姊穿新衣，眼睛會瞬間發亮，嘴裡發出嘖嘖讚嘆。他看到卡通裡的壞人會害怕，見到別人傷心會難過。一回家裡小狗走失，她開著車在大街小巷尋尋覓覓，昱昱坐在一旁盯著媽媽，眼神有些異樣，她順著昱昱視線往窗外看，咦，坐在電線桿旁邊的，不就是他們家的小狗嗎？

一個熱得出奇的夏末午後，她帶著昱昱到海邊吹風，一面餵他吃著最愛的小餅乾，一面看著海上的風帆。高溫褥暑下，一切事物的步調如此緩慢，就像昱昱的成長。她知道，孩子生命有限，她只能陪他一段，至於這段路有多長？她沒認真想過，也不敢多想。她癡癡望著昱昱，美麗而脆弱，身上的白T恤在陽光下如此亮眼，一陣突如其來的哀傷，讓她失控地掉下淚來。

昱昱停下吃餅乾的動作，憂傷地望著媽媽，輕輕將頭靠向她的肩膀。

一個心智遲緩、無法言語的人，做出如此貼心的舉動，就是這麼一點一滴的溫柔對待，讓俐雅撐了下來。「我覺得只要是生命，就有感覺與情緒，也許昱昱說不出口，他會用自己的方式表達，就看我們有沒有開放的感覺去接受。」

時間流逝，昱昱並未成為九〇%、活不過一歲的貓哭症患者，如今已是二十八歲的成人了。他的智商停留在四、五歲，不會開口叫爸媽，不會自行吃飯上廁所，就連吹熄生日蛋糕的蠟燭都做不到，生活充滿了無奈與瑣碎。

有天昱昱在家尿了一地，俐雅才替他換過衣服，擦過地板，他又把冰箱裡的食物一樣一樣丟出來，再把餐桌上的碗盤一件一件扔在地上，俐雅只得把地板再擦一次，一個半小時就擦了六次。過了一會，昱昱大概是丟東西丟膩了，自顧自地爬到客廳，在玩具堆裡又尿了一泡。她看著兒子用力拍打尿水，不斷發出咯咯笑聲，一時腎上腺素淹沒了她，頸動脈明顯快速跳動，她覺得好痛苦，好想放聲大叫……

這時，書櫃一套叢書的標題「快樂新父母」赫然進入眼簾，讓她頓時冷靜下來反問自己：為什麼我不能快樂一點？就算沒人幫我擦地板，就自己擦啊！為什麼我要那麼委屈？難道我不能盡情享受擦地板的快樂嗎？

她一個箭步衝上二樓主臥室，打開衣櫥，套上細肩帶禮服，把長髮盤起來結成髻，從容優雅地走下樓。昱昱看到盛裝的媽媽，一時看呆了，嘴裡發出嘖嘖讚賞，她得意地說：「怎麼樣？漂亮吧？漂亮媽咪現在要幫你換衣服，擦尿水囉！」

這就是俐雅，總是可以在滿天的烏雲中，找到一方隱藏的藍天。

她自組讀書會，參加人本基金會的父母成長班，進而成為該基金會成員，憑著原來護理師的底子再加上自修、熱情與毅力，如今已是炙手可熱的情感教育專家，尤其擅長性教育。我聽過她的課，她強調性是自我探索、與身體衝動相處的方式，既正常又健康。她用了一個很漂亮的譬喻說，身體是一張「可供探索的地圖」，必須瞭解每個器官的特性，才能與身體好好相處，與慾望共存，展開有趣的旅程。最後她不忘強調，如果想自慰的話，記得找個沒有人的地方，事前與事後把手洗乾淨，就好啦。演講結束，學生跑來圍著她問東問西，大家愛死她了。

那麼，昱昱有性衝動嗎？她是怎麼處理的？

「就順其自然啊，」她笑著表示：「他很小就懂得自慰，而且不用人教，就會了。」

昱昱從小就懂得玩弄生殖器，她覺得與性無涉，只是閒得發慌，順手找個方便的玩具來玩玩。他十六歲會獨自走進房間，關上門，走出來時，褲子前方明顯溼了一塊，俐雅從不質問，也不處罰，只是默默替他換上乾淨的褲子。至於為何昱昱懂得自慰要關門？莫非羞恥感是與生俱來的能力？她想不出確切理由，推敲半天，不太肯定地說：「可能是我很注重他身體的隱私吧！」

昱昱從小出門若想要小解，她會帶他回車上用杯子裝，若是來不及，會主動向路人解釋：「對不起，我兒子要尿尿了。」然後對兒子說：「來，我們轉過來，不要讓別人看見！」她覺得尿尿是自然反應，沒什麼好丟臉的，至於要求昱昱轉身，則是尊重及保護他的隱私。昱昱無法言語，未必明瞭這些道理，但是他知道，要尿尿，可以，不能讓人看到；要自慰，可以，最好要躲起來。

我覺得俐雅沒把昱昱看成「智障兒」，而是「需要花比較多心思、時間與協助的孩子」。她說過一段很美的話：「智障兒的感覺跟我們沒什麼不同，痛就是痛，癢就是癢，有沒有安全感，都是一樣的。面對生命，每個人都一樣，我們必須設想他們都瞭解，只是講不出來而已。」她理解、接納、欣賞昱昱成長過程的點點滴滴，從不為了防止犯錯而縮限他的活動空間。

昱昱個性很溫和，從不隨便打人摸人，頂多只是拉拉人家頭髮，那是他表達善意的方式。他做任何事都很投入，只要學會某項技能，就會一遍又一遍地做，直到厭倦為止。有陣子他學會脫衣服，便一直脫一直脫，俐雅從不攔阻，她知道，兒子只是在秀自己學會了某種本事。

她去便利商店購物，鄰居原從她身後走過，忍不住又走回來：「你兒子會拉人耶！」俐雅客氣回應：「我知道，他是在打招呼啦！」鄰居又說：「你兒子會脫衣服耶！」她說：「我知道，他沒惡意，只是喜歡脫。」鄰居繼續委婉表示：「那，你有沒有想過……怎麼做？」對方一臉憂心，才讓她恍然大悟，原來對方把「脫衣服」與「性暴力」聯想在一塊了，於是連忙解釋：「我兒子只是剛學會脫衣服，看到人就想表演，等他學會新的事情，就不會再脫了。」

我最佩服俐雅一點，就是不論遇到什麼人或什麼事，總是不疾不徐，一派輕鬆，這樣的人往往來自充滿安全感的家庭。果然，她的父母異常開明，從不體罰，在屏東萬丹小村堪稱奇蹟。徬徨少年時黑板上沒有生命解答，她在週記寫些充滿虛無存在感的文字，老師看了緊張得不得了，急急把爸爸找來學校，要他別再拿錢給女兒買些「有的沒有的」，害她「看冊看到精神異常」。可接下來，黃爸爸說了句很重要的話：「看冊也不是什麼歹代誌啦。」便離開了。

「我覺得我爸媽真的是非凡之人，我到現在都很難超越！」她由衷讚嘆。

她隻身北上讀書，在租屋處洗澡被房東偷窺，在擁擠的公車上被襲胸，她覺得沒什麼大不了，同學比她還緊張：「唉呀，你身體都被人家看光了，這樣很丟臉耶！」她覺得好奇怪，身體被別人看了，又怎麼樣？被看完了，我還是我啊！日後她分析對身體、對性的坦然，應與沒被體罰有很大關係。

她對性的坦蕩，確實與我接觸過的其他家長有很大差別。朋友的孩子智能不足，我始終緣慳一面，直到她帶著兒子出現在眼前，我才知道她口中的「小天使」，是個長相魁梧的壯漢。「小天使」的個性很活潑，才見面就跟我打鬧了好一會，他拉住我的領口，好奇地探頭往裡頭瞧，朋友見狀喝斥：「不可以！」立刻要看護將他帶開。

「他是不是對女性特別好奇啊？」我問道。

朋友的頭搖得像波浪鼓：「不可能啦！他連男的女的都分不清楚，哪有可能對女生有興趣？」

這是父母普遍的反應。他們把成年智障子女當成幼兒，說話輕聲細語，慣常使用疊字，像「乖，喝水水」、「來這裡坐坐」、「跟馬麻親一個香香」，至於這些「孩子」是否有性別概念，是否有愛與親密關係的需要，他們從來都沒想過。或許是不敢想。

俐雅感嘆大人談到「性」時，那種彆扭的眼神、措詞與態度，勢必影響孩子對性的態度。她說，一般人提到手腳、心臟、胃腸這些器官名稱都很自在，只要說到陰莖、乳房、陰蒂就緊張兮兮，老用「小鳥」或「那個」等字眼，就算大人並未明說，孩子心裡明白，「性」是不可說、也不能說的事。那是一種敏感而幽微的互動。

「我覺得性是很自然的，不必壓抑，但是要營造友善、接納的氛圍。看到他們自慰，先不要打擾，讓他們瞭解這件事的存在，再慢慢引導他們注意隱私，讓他們知道不是性不好。像我兒子這麼笨，都懂得自己跑去房間自慰，如果他學得來，其他輕、中度的一定也可以！」

俐雅談愛說性不只有一套，而是有兩套，一套對一般人，一套對障礙者。她應邀對輕、中度智障者演講，女學員突然吻起桌上的麥克風，像是在模擬口交，在座所有老師都驚呆了，只有俐雅不驚慌，不喝止，只是溫柔詢問：「我猜，你是在表演親尿尿的地方，對不對？」女學員笑了起來，沒有多說什麼。

「我想，她可能有過這樣的經驗，只是如實表達出來而已。我們不該壓抑或責罵她，而是要理解她這麼做所發出來的訊息是什麼，並思考該如何回應，而不是用自己的眼光去評斷她，覺得她是好色或猥褻。」

面對昱昱的性慾，她也是抱持同樣態度，既不鼓勵，也不阻止，只是接受。「我兒子每天在家裡爬來爬去，看看電視，翻翻雜誌，玩他的小汽車，也沒有天天自慰，好幾天才一次。可是常有人跟我說，你都不管他，會不會讓他『做』太多了？」她輕輕一笑，繼續說道：「這些人整天都在想這件事，才會覺得我兒子做太多。昱昱又沒有傷害人，他們為什麼看不慣他享受性的愉悅？我覺得這點他們應該反問自己。」

照顧昱昱的日子時而喜悅，時而頹喪，時而明快，時而幽微，充滿多種光影的層次，俐雅總能找到平衡的方法，在看到「影」的同時，也能見到「光」的存在。她說：「心，會帶領我們用比較正確的方式來陪伴孩子，光是有技巧卻無心，怎麼呵護生命的希望？」每次想起這段話，想到她一路走來的心情，像是獲得某種深刻神祕的感知經驗，讓我低迴不已。

尚未開啟的閘門

昱昱終究是幸運的，爸爸是小鎮醫師，生活無虞，媽媽溫柔有耐性，又是性教育專家，讓他安然度過性慾高漲的青春期。照顧昱昱很累很忙，但俐雅從沒考慮送他去學校或機構，「像我兒子這樣，他們一定會把他綁起來……我不忍心！」

我可以理解她的憂心。智障者家長總會（智總）創辦人陳姐（陳節如）告訴過我，有自閉兒被老師用木條大打數十大板，打到精神分裂住進療養院，媽媽質問老師為什麼這麼殘忍？老師一頭霧水地反問：「什麼是自閉症？」傷心欲絕的媽媽到學校抗議，校方消極應對，她到教育局陳情，教育局相應不理，逼得她訴諸媒體，尋求輿論支持。

事發之後，智總連續接到多起類似案件，才得知這不是單一個案，而是普遍存在的事實。至於父母為何忍氣吞聲？很簡單，怕孩子被貼上「難搞」的標籤，從此沒有學校肯收。有家長不忍孩子被罰，懇請老師高擡貴手，反而害孩子被修理得更慘，就算向地方政府陳情，官員的回答竟是：「你們家小孩殘障，跟政府有什麼關係？讓這種小孩受教育，根本就是浪費錢！」

智總固定舉辦家長分享會，有媽媽提到兒子不會如廁，老師又拒絕幫忙，只得三天兩頭往學校跑。一天她臨時接到通知說兒子拉肚子，要她立刻過去處理，待她匆匆忙忙趕到學校，只見兒子一身穢物、孤零零地站在教室外，不知等了多久。看到這一幕，她的心都碎了。

心碎媽媽的聲音，讓現場幾乎被眼淚給淹沒了。幾乎每位家長都有類似的經驗。是那位老師特別狠心嗎？陳姐倒不認為如此，她認為老師對智障一無所知，又沒受過完整訓練，當然不可能教得好。或許老師不是沒有愛心，只是專業不足，沒有資源，要照顧這樣的孩子，已超過能力所及。

資源班老師A抱怨，過去在學校接受的訓練，到了教學現場根本不管用，這個問題在教育體系從來沒有被認真看待。「我們每個學期都會上情感教育跟性教育，教小孩認識身體，什麼是身體界線，什麼是隱私，可是他們就是沒辦法（理解）啊，還是照樣在那邊亂七八糟的，怎麼辦？外面拚命罵我們，說老師都不教，其實我們都有教，是他們學不會啊！……難道要我們當場『演』給他們看？」

性教育不該只是「學會說不」，而忘了教育背後的情感連結與親密關係。只可惜老師經常忽略了這點，拚命想導正觀念，學生卻不受教，這樣的拉扯周而復始，雙方都精疲力盡，最後只能以「學生就是笨」來合理化結果，自是兩敗俱傷。

智總祕書長林惠芳坦承，確實有啟智學校老師不教性教育，家長也認為沒這個必要，但礙於教育部既有規定，教還是照教，只是行禮如儀，點到為止。「反正課綱有就教，但學生聽不聽得懂？到底能學到多少？那是他們自己的本事。我的感覺是這樣。」

林惠芳認為，師培過程缺乏性教育，也沒有發展系統教學法固然是事實，老師無法承認個人能力與經驗的不足，才是問題層出不窮的主因。「誰都有可能不會啊！養成教育教的再多都是有限的，才念四年的東西，怎麼可能讓你用二、三十年？不可能嘛！出了社會還是要不斷學習，否則很難應付教學需要。對教育專業者來說，性教育的教材或教法一點都不難，問題是要不要做？該怎麼做？這些是態度、觀念、價值的問題。」

我讀過一些專為照顧者撰寫的性教育手冊，談的多半是身體保健、疾病預防、如何與異性相處，直接討論性議題的部分極少。其中有一本內容指出：「智能障礙者容易將生活重心放在對性的渴求上，若長期養成了習慣，日後要戒除是相當困難的，也會造成家人與機構在照顧上的困擾。」作者使用了「戒除」這個字眼，表示他們認為性不是不好，但若可能的話，最好不要。

這能怪照顧者嗎？面對的是缺乏語言能力、溝通能力遲緩，很多事學不會、也聽不懂的人，料理日常生活已耗去大半精力，已沒有多餘力氣顧慮到「下半身」的問題了。

監察委員王幼玲的兒子松庭是自閉兒。他有情緒，有感覺，也可以理解別人的話語，只是不能全然表達。這樣的母職經驗，肯定是高度的人生修行。

我對幼玲的印象，一直停留在她在媒體時「驃悍小辣椒」的模樣。事隔多年，在殘障聯盟（現更名為「身心障礙聯盟」）再次遇到時任祕書長的她，偶爾聊起松庭種種，我注意到她的眼神可以有多溫柔。那陣子松庭情緒不太穩定，經常發生拉扯、推人、把桌椅往樓下扔的事，為了避免傷人害己，她不得不讓松庭服用精神藥物。

那是個痛苦而艱難的決定。我諾諾地說：「唉，你辛苦了。」話一出口，就覺得簡直是廢話。她大概已經很習慣外人的不知所措，爽朗答道：「也還好啦，我們能做的不多，只能盡量存點錢，希望我們死了以後，他還能過得不錯。」

她在性義工團體「手天使」的分享會談過兒子的性需求。她說，松庭念高中時偷偷碰觸女性胸部，大概是對身體的好奇或性衝動，她並不確定；但她很肯定學校的「保護教育」做得很好，只要有人摸松庭屁股，他就會說「不要性騷擾」。她心想，這樣的兒子應該不會去侵犯別人，也不會被占便宜吧？

有段時間松庭十分躁動，住院、約束都沒有用，他們請了二十四小時男看護幫忙。看護見松庭青春正盛，又長得高頭大馬，建議爸爸說，沒跟女人上過床的不算男人，帶他去召妓吧！當然，爸爸沒有答應。但這讓幼玲開始思索，性對兒子的意義是什麼？是非要不可的經驗嗎？要不要教他自慰？要怎麼教？一旦有了經驗，會不會天天想要？萬一得不到滿足，會不會更焦躁？

我觀察他有晨間勃起（不一定是早上，睡著時也會有），也有夢遺。有一陣子搞不懂為何他一醒來，就去浴室脫光衣服，還要自己洗內褲，後來才發現有可能是夢遺。他有春夢嗎？沒有看過春宮電影，也沒有看過黃色書刊（他爸爸的私藏早都被我丟掉了），他理解男女之間的交媾可以帶來生理的刺激及滿足嗎？不過畢竟生理反應是一種本能，我發現他唯一尋求刺激的方式，是趴在床上前後磨蹭，不過有沒有因此射精還是中途而廢，沒有觀察。

到底要不要讓他有自主控制射精的經驗（手淫）？要不要教他夢遺勃起是怎麼一回事？他會不會懂？嘗到滋味之後會不會不受約制？會不會在公開場合向任何女生（人）索愛？會不會得不到時情緒更暴躁？千百個疑問（顯示我對兒子的自我控制能力的沒有信心），有趣的是家長團體的社群常常討論孩子的教養、學校教育、工作就業、人際互動、情緒處理等問題，我把這些問題丟上群組請教其他家長的經驗，社群卻一陣靜默沒人回應。[1]

讓智障者瞭解「性」是怎麼回事，就像刻意喚醒沉睡中的孩子，有如開啟了一道不該、也不需要被打開的閘門。照顧者一路跌跌撞撞走過來，或許有疏失，有誤解，至少是懷抱著善意，避免孩子走上曲折的道路。他們希望孩子什麼都不知道，只是希望他們不要受苦，難道錯了嗎？

特教老師B同意「性」是需要教導的，但她認為「性交」或「性侵」的概念太抽象，必須透過實物演練才能讓孩子理解。通常她在教學時會用洋娃娃做為輔具，指著男娃娃的陰莖解釋：「如果有人要把這個放進你嘴巴或下面，一定要拒絕喔！」B順道提起，同事C習慣用紅色圓點貼在洋娃娃身上，教孩子身體哪些部位不能被摸，最後娃娃從頭到腳全身貼滿了紅點，讓孩子忍不住問道：「老師，我身上有哪裡是可以被摸的嗎？」C頓時也怔住了，她從來沒想過，智障孩子的身體是「可以被摸」的。

保護智障者不受到侵害，必須讓他們認識什麼是「性」，而在認識生殖器官與性別差異之外，也必須瞭解什麼是身體、感受、行為、人際與性關係，才是完整的性教育；在既不教、也不討論的真空狀態下，一味單方面要求他們保護自己，無異是緣木求魚。

只可惜，這樣的觀念很難被外界認同。

二〇〇三年，日本東京都日野市七生養護學校（智障學校）因「使用不當性教材」、「授課內容脫離世間常識」，造成三十一位老師遭到處分，該校校長也被迫降職。究竟是什麼樣「驚世駭俗」的教材，引來如此嚴重的後果？

整件事可回溯到一九九七年。該校有男女同學發生性關係，校方意識到既有教學內容的不足，決心研發「身體與心的學習」教學計畫。他們以「洋娃娃教學法」示範性器官的形狀與功能，將陰莖、陰道等器官名稱編入兒歌，並製作子宮袋模擬生產狀況，透過模擬與體驗課程，讓學生瞭解身體與性的功能，感受親子的親密連帶，人與人之間的溫柔接觸，以培養自我認知與兩性相處的能力。

沒想到這樣的用心，卻讓家長及衛道人士憂心不已。東京都議員土屋敬之直言，用這樣的教材「很奇怪」，要求教育委員會處置，最後教育委員會不只沒收了全套教材，並懲處三十一位使用教材的老師。老師們不滿精心設計的課程被醜化為「過激的性教育」，控告教育委員會及土屋敬之等議員，並求償三千萬圓日幣。二〇〇九年，東京地

1〈我的兒子沒有性經驗？〉，王幼玲，手天使官網，二〇一六，http://www.handjobtw.org/?p=1630。

方法院以「議員基於政治信念的舉措，介入並干涉學校性教育，具有扭曲教育自主性的危險」、「教育內容適當與否在短期之內不易判定，一旦制裁老師，將阻礙性教育的發展」，裁定教育委員會及議員必須賠償二一〇萬圓日幣，到了二〇一一年，高等法院仍支持東京地方法院的決議。對此，該校律師團發表聲明表示：

> 我們從孩子的生活經驗中學習到，要重視被他人接受的安心感與舒適感，因此這不是狹義的性教育，而是為了讓學生可以豐富地展開人生，珍惜與人相關的事物，以「性即生存」為主題來實施的教育。[2]

性意識的培養需要足夠的資源，國家以保護之名，行處罰之實，等於是用制度限縮了每個人認識自己與他人的機會。尤其對智障者來說，面對性慾如此複雜的感受，他們需要的不是處罰或責難，而是理解與陪伴，更需要學習與引導。

林惠芳大學剛畢業時服務過一名十來歲的男孩，無聊時喜歡用手玩弄生殖器，每次眼見自己生殖器脹得愈來愈大，她的表情愈來愈緊張，便覺得有趣極了，經常以此逗弄她。這讓她意識到，如果她的反應會影響孩子的行為，那就別當一回事吧。她學著不讓自己大驚小怪，並引導他不能在外人面前這麼做，慢慢的，孩子就學會了。談到這裡，她不無感慨地說：「人是最重要的輔具，可是我們教學現場最缺的就是這點。在思考要提供什麼樣的支持服務、什麼樣的輔具的時候，想的都是『有形』的物品，像是輪椅或移動裝置什麼的，從來沒有以『人』為本位來思考障礙者的需求。這點真的是我們要好好檢討的地方！」

翻轉教育者的價值與態度，是何等龐大的工程，絕非一蹴可幾。面對難度這麼高的議題，像林惠芳這樣長年投身相關工作的人，是否也有洩氣的時候？

「當然不會！」她立刻明快表示：「每次想到有這麼多問題，我就會想，如果永遠不開始，就不會有機會改變，但只要有任何眉目，就有可能改變。所以我不會灰心，我相信，一定有仁人志士願意為這個議題努力！」

事實上，已有教育者正朝著這個方向前進。特教老師蘇淑惠針對十餘位輕、中度智障高職女學生進行研究，發現只要透過適當的學習與引導，包括辨別自己與他人的情感，瞭解自己要什麼及不要什麼，再經由實際操演與重複練習，她們絕對擁有表達

2 見 http://kokokara.org/。

情感與自我決策的能力。這讓蘇老師有了這樣的體悟：

之前的我對她們的印象就和外界一樣，總認為她們是「無知」、「不懂」與容易被誘騙侵犯的一群……女孩們的回答不但與我原先的想像不同，更讓我驚覺到女孩們非常有自己的想法與主體性。事實上，她們不但有能力明瞭這些性知識，還可以做出自己的選擇，只是身處在她們周圍的教師與家長不懂得她們內心的想法與感受……。

智障生是有能力學習性教育的，而且教了也不會變成鼓勵學生性氾濫。事實上，特教性教育沒有如教師們所想的如此可怕，追究根源應是我們對智障者性教育的無知或不瞭解，才會導致如此不理性的擔憂或恐懼。[3]

承認智障者有愛人與被愛的能力，就能如實看待他們的身體與慾望，就像高師大楊佳羚教授說的：

只有當老師檢視自己原先對特教生的成見，反省既有性別教育的不足，才能設計出符合特教生需求、讓特教生賦權增能的性／別教育；也只有當學生發現自己表達的話被大人認真看待時，她／他們才能長出自尊自信，也能在重要時刻清楚表達自己意願。這樣的性教育也回過頭來，讓原本的性騷擾防治教育更加有力與有效——因為，當學生有能力「要」，可以為自己決定時，她／他們才能有力拒絕被侵犯或受壓迫的情境。[4]

正視問題，才能解決問題。與智障者溝通、建立內在的連繫確實不易，除了需要愛心，更需要耐心與智慧。唯有家長與老師放下恐懼與成見，不再迴避，接納並尊重他們的慾望與需要，將這樣的信念注入更多人心裡，才能在教養與教育這條路上，散發出應有的真誠與溫度。

3〈與智障生談性說愛——高職智能障礙女學生性教育課程之行動研究〉，蘇淑惠、林昱瑄，《性別平等教育季刊》第六十二期，頁四五至四六，二〇一三年五月。

4〈向身心障礙者學習的性／別教育〉，楊佳羚，《性別平等教育季刊》第六十二期，頁十一，二〇一三年五月。

當他們站在法庭上

我們知道要尊重智障者的意願，讓他們發出自己的聲音，決定「要」或「不要」。但理想歸理想，現實又是什麼？

根據衛福部二〇一六年性侵害事件通報統計，臺灣一年有八千多件性侵案，超過一成的受害者是障礙者，在這一成之中又有超過五成是智障。如此驚人的數據，任何人看了都難掩憂心。這也說明了為何照顧者對智障者的「性」，總是抱持保留態度。到底該怎麼做，既能兼顧身體自主權，又能保護人身安全？有如魚與熊掌，很難做到周全。

智障者性侵案向來不易成立，因為案件本身的特殊性（發生在隱密空間，沒有目擊證人），受害者又不懂得留下證物，若是事隔多天報案已驗不出DNA，加上受害者受限於記憶與表達能力，光憑一張驗傷單，很難對疑似加害人提告。

智總在這方面花了很多力氣，包括提供法律諮詢，尋找義務律師等，但家屬最關心的未必是訴訟結果，而是如何讓受害者走出傷痛。至於該怎麼做？我問過林惠芳這個問題，她直搖頭連說了三次「很困難」，這裡牽涉的問題實在是太多、也太複雜了。

智總處理過一起個案：幼時被父親性侵的智障女性被送到安置機構，卻被機構裡的智障男性性侵，讓她對性、女性角色與人際關係等認知異常混淆。像這樣的當事人不只需要心理輔導，更需要安全的安置環境，但單憑智總的人力配置，並不足以做到。林惠芳很希望保護系統（包括家訪中心、委託服務機構、身障個管及機構等服務單位）能積極與障礙團體配合，彼此用更多的善意編織成更完整的安全網，撐住所有受害者，但截至目前為止，這仍是她主觀的期待，尚未成為客觀的事實。

安全網尚未建構完成，家屬的擔憂與痛苦又沒有現成的出路，便可能出現這則新聞描述的場景：

高縣一名特教老師最近協助校內一名智障男童上廁所時，驚訝地發現他並沒有陰莖，下體生殖器部位只留下一個洞，因此男童只能像女生一樣坐著上廁所，而睪丸則明顯地發育較晚、不明顯，呈現萎縮現象。

這名老師表示，當時他覺得很訝異，在詢問男童母親後，家長才無奈地表示，在一次意外中男童撞傷下體，就順便將兒子去勢，切除整個陰莖，避免日後產生「禍害」。男童母親說，雖然兒子是家中的獨子，當初也曾考慮香火問題，但因為家裡環境不好，經濟條件差，若兒子長大後因性衝動而犯錯、出了什麼問題，不但對不起別人，也實在賠不起，不得已才採取這樣的辦法。[5]

男童的媽媽或許殘忍，但在殘忍的背後，是外人無法想像、更難以負荷的重擔。

香港的「康橋之家事件」，正說明了智障性侵案經常面臨的困境。

「康橋之家」是一所專收障礙人士的私營機構。二〇一四年，該院院長張健華涉嫌性侵智障女院友被捕，證據包括其他院友錄下來的涉案片段，以及遺留在張健華辦公室、沾有他精液與女院友DNA的紙巾。但張健華矢口否認涉案，解釋紙巾是女院友翻找垃圾筒時，無意間找到他擦拭過下體的紙巾，並留下她自己的DNA，並不能做為性侵證物。他亦指控對方有被害妄想症，他才是「真正的受害者」。[6]香港律政司以「與精神上無行為能力的人非法性交罪」起訴張健華，卻因女院友有嚴重的創傷後壓力症候群，無法出庭應訊，律政司不得不撤銷告訴。

這不是張健華第一次涉嫌性侵。二〇〇二年至二〇〇四年，他兩次被控以可樂、蛋塔等食物誘騙女院友猥褻，院內職員發現情況有異報警處理，因受害者供詞前後矛盾，又沒有其他證據，最後張健華被判無罪。二〇一四年事件爆發之後，又有其他女院友表示與張健華發生多次性關係，但卻說不出確切事發時間與地點，再度讓張健華得以全身而退。[7]

有人受到了傷害，卻沒有人被定罪，法律能做的，就是如此有限。這讓法官在判決中無奈寫道：「控方是在無奈的情況下才撤銷對被告的指控。本席認為這可說是被告的『幸運』，也是受害人或社會的『不幸』。」

處理性侵案必須高度依賴受害者的證詞做為證據，證詞得經過反覆的檢視。智障者因為認知、記憶、語言及情緒等限制，經常說法前後不一，讓證詞聽起來很不可靠，但他們不是說謊，而是不明白問題是什麼，或無法有條理地陳述。如何在反覆不定、欠缺精確描述的說法中釐清真相，一點也不簡單。

黃俐雅曾以輔佐人的身分，陪同被老師猥褻的智障女童出庭。法官問道，老師做

5〈免除後顧之憂？　家長為智障兒去勢〉，朱有鈴，《自由時報》，二〇〇五年三月十四日。

6 見〈涉性侵智障女　院長辯稱：我先係受害人〉，東網，二〇一六年十月十八日（http://hk.on.cc/hk/bkn/cnt/news/20161018/bkn-20161018093557335-1018_00822_001.html）。另有律師認為，單憑紙巾難以證明兩人發生性行為，並指若被告拿事主擦嘴的紙巾自慰，便可能同時染有被告的精液及事主DNA；至於院友提供的拍攝畫面是隔著窗戶拍的，外界無法斷定他們是否正在性交。見〈康橋之家智障女不能作供　律政司撤控〉，《蘋果日報》（香港版），二〇一六年十月十八日。

7〈「康橋之家」前院長張健華被捕〉，《端傳媒》，二〇一六年十一月七日。

了什麼？女童用手比胸部，說：摸我。法官又問，是摸衣服裡面，還是外面？她說，裡面。法官又問：老師是拉開拉鍊，還是解開扣子？女童一逕低著頭，不發一語。現場陷入久久的沉寂。

俐雅靈機一動，主動建議：「我們有帶洋娃娃，讓她用洋娃娃做老師對她做的動作，這樣可以嗎？」

法官同意了。

女童拿起洋娃娃，將手從洋娃娃衣服的領口及下擺伸進去。原來，老師沒有做出拉拉鍊或解扣子的動作，所以她並不明白法官的提問，自然也無法回答。然後，她將洋娃娃的褲子往下扯，用手撫摸洋娃娃的下體……那些行為用沉默，一種異常嘈雜的沉默，籠罩著整個法庭。

俐雅感嘆女童障礙程度不算嚴重，還可以有限度地表達自己的想法，反觀有些孩子就算有外人及洋娃娃輔助，仍無法具體描述事實或表達情感，就算檢察官或法官有心，礙於證據不足，也只能徒呼負負。

法律之前人人平等，但是用同一把尺，要求智障人與非智障者接受同樣的詢問，本來就不公平。況且性侵本來就是難以啟齒的事，有什麼樣的制度或方法，既可揭露性侵真相，又能減輕對當事人造成的傷害？

近年來在若干民間團體要求下，檢警的訊問方式已有所改善，包括盡量選擇在私密的地點，必須有社工陪同，以減少受害者的壓力。二〇一五年底立法院三讀通過、二〇一七年初正式上路的《性侵害犯罪防治法》第十五條之一規定案件在偵審階段，專業司法詢問員得協助兒童及智障者進行詢訊問。為了因應這項制度，衛福部開始培育性侵害案件司法訪談專業人才，希望能以舒適、支持的談話環境，透過不誘導、非暗示的方式提問，協助兒童及智障者理解問題。這一切才剛起步，執行成效仍有待觀察。

刑事訴訟是採嚴格證明的證據裁判主義及無罪推定，要判有罪，不能靠推定，要做到確信，只要有其他的可能性，就必須加以考慮，就必須懷疑，只要有懷疑，就不能定罪。但是，當受害者是難以具體陳述事實的智障者時，怎麼辦？是非對錯該如何判斷？

二〇〇九年，花蓮十六歲中度智障女性A連續遭七名男子以「帶回家玩」、「一起種菜」等理由，與她發生性關係，並給她一百至五百元花用。後來是老師發現她情緒起伏不定，經過探問才報警處理，花蓮地檢署以七人違反《刑法》第二二五條「乘機性交罪」求刑。但花蓮地院以「依其身心礙障之客觀狀態，對於異性之性交行為，應未達不能或不知抗拒之程度」，判處七名被告無罪。這個判決立刻引發外界抨擊，「白目法官」「恐龍法官」的說法紛紛出籠，更有身心科醫師質疑這樣的判決：「很可議，且不恰當」、「要達到不能抗拒程度，難道要昏迷了才算嗎？」[8]

花蓮地院是基於什麼理由做出無罪的判決？從臺灣花蓮地方法院刑事判決九八年度訴字第五三一號的判決文內容來看，大致可分為以下幾點：

一、A經醫院精神鑑定為中度智障，只要經適當訓練有一定工作及社交能力，「足見A女僅因智能障礙而容易受到利誘或脅迫，並未達到不能或不知抗拒之程度。」

二、A的老師指出，學校每年都會安排性教育課程，包括認識性器官、男女界線及如何表示拒絕等演練，法官認為A在演練時都是一百分，表示「A女具備日常生活應對之能力，亦瞭解男女之別，就性行為並非無辨別或判斷之能力」。

三、A在出庭作證時看來羞澀、不悅，眼神與表情亦有所保留，「可見A女之心智狀態雖於表達力及組織能力上較一般正常成年人為低落，然依其於本院之言語，仍顯示其就男女間之親密行為有相當之羞恥感，亦得認其經由長期之學校教育，已有男女之防之觀念，故依其身心礙障之客觀狀態，對於異性之性交行為，應未達不能或不知抗拒之程度。」

這讓我想到二〇一〇年的「白玫瑰運動」。那年連續發生了數起幼童性侵案，法官均以「無從證明是否違反當事人意願」的原則而輕判，瞬間點燃民眾怒火，發起上萬人連署抗議，要求汰換不適任法官。有學者專家嚴詞批評，兒童欠缺性自主的決定權力，這是基本常識，法官質疑加害人「是否違反當事人意願」，是「看不見性別中各種權力之不對等，也沒有真正瞭解保護性自主權的立法真義」、「問題的癥結不是受害者的年齡，而是法官是否能看到加害者與受害者之間的權力差距。」[9]

智障者的情況與幼童頗為類似。他們溝通表達不易，又容易受到誘導，案件是否成立，常因法官、檢察官及律師的人生經驗、專業訓練、甚至是恐懼與偏見，而產生相異的結果。以花蓮A的案子來說，法官以A「有一定工作及社交能力」、「性教育演練都是一百分」，「應未達不能或不知抗拒之程度」，卻忽略擁有生活自理能力的智障者

8〈又見白目法官　性侵智障少女7狼竟無罪〉，《蘋果日報》，二〇一〇年九月十一日。
9〈法官欠缺性別意識〉，尤美女、黃長玲，《中國時報》，二〇一〇年九月九日。

可能對性一知半解，無法瞭解「接下來會發生什麼事」，既然不理解，自然不會抵抗或拒絕，但這不表示他們是自願。再者，《刑法》第二二一條「妨害性自主」所指的「違反意願」，在「明確違反意願」或「合意性交」兩個極端之中，還包括了「沒有意願」及「無法表達意願」，就這個角度而言，法官有沒有可能高估了A的認知、自主與決策能力？

有研究報告具體指出司法處理這類案件的兩難：

> 司法上重視受害時間與地點的證據蒐集，有警員提到「至於時間、地點就沒辦法完全地講，她沒辦法交代得很正確，我們警察和檢察官對於時間地點都很重視，但對她來說就沒辦法交代得很詳細」；再加上被告的律師有技巧的詢問，也會導致被害人證詞反覆，例如一社工提到「從事故發生到花蓮的地方法院上訴到臺北高等刑事庭，她對時間還有很多過程有遺忘不清楚，醫師問的時候她說沒有，檢察官問的時候她說有……但是律師很技巧地問、拐彎抹角地問，她就會被律師所扭曲，都說沒沒沒，其實是有……那可能又會在法庭上一切都講求證據，有時候真實會被矇蔽了……」，上述因素使得智能障礙者的性侵害刑案不易被起訴甚或定

罪，如此也造成加害人逍遙法外。

一社工提到，「我之前有智障個案，已經上訴到高分院，他沒有辦法理解智障者的世界就是有時說詞會反覆，甚至她容易受引誘……所以本來地院是判定有罪，但是到了高分院就全部被駁回。」另一位社工也提到：「那我覺得在做這個性侵害受害者，不管是一般或是特殊……我們的工作方向要就是說，既然加害人做壞事或做錯事了，照理來講就是要繩之以法，那我覺得繩之以法的這一塊對心智障礙者來講很難……因為司法本來就講求證據審理原則，你證據也不行，證詞也不行的話，那你很難採信，這個案子就很難起訴，所以在司法那一塊，其實我在跟家長工作的時候我都會跟家長講說，其實司法審理那一塊你不要抱過大的期望。」[10]

法庭講求的是證據，只要控方無法拿出有效的證據，被告毋須證明自己無辜，也不用證實說法為真，就可能獲判無罪。這是現實，也是無奈。

智障者的口語表達能力有限，無法明確陳述事實，單就這樣的行為來判斷「是否

10〈性侵害防治相關體系處遇智能障礙被害案件在司法上所面臨的困境與需求〉，劉文英，《臺大社會工作學刊》第十七期，頁一〇九至一一〇，一九九八年六月。

違反個人意願」，當然很難定罪。但話又說回來，正因他們表達能力有限，外界又該如何得知他們的「個人意願」？尤其部分受害者事後未必會有沮喪、恐懼、害怕、失眠或排斥等情緒，反而可能出現愉悅、舒服、感覺被愛等感受，如何確認他們是合意，還是被迫？

曾有論者指出，外界不由分說將「發生性關係」一律視為「性侵」，可能是源自對弱勢者的過度保護主義，將他們「去性慾化」的偏見。例如甯應斌在〈智障者的性權利〉一文所說的：

對於心智能力較接近正常者，談論嫌犯強制手段與當事人意願或抗拒才是有意義的。在考量與這種智障者相關的性問題時，最重要原則應該是「性意願的對稱」，也就是：說「不」就是「不」，說「是」就是「是」，如果我們堅持某智障者對性要求說「不」是有效的，那我們就不能在她對性說「是」時，否認她的自願有效。

真正的難題是那些重度智障者的性。我認為重度智障者無論說「是」或「不」，或抗拒或順從，都不能當作有效的表達，就和年齡很小的幼兒或動物一樣。重度智障者不論是被暴力強制或被計策誘騙去違抗一件事或去順從一件事，都不能說他們有意願或沒有意願，因為他們缺乏自主同意的能力……如果我們把與智障者性交一律當作性侵，這就忽略了智障者的性需要；保護弱者，因而變成剝奪了弱者的快樂福利。[11]

通往理解與真相的道路，果然漫長而紛歧。

性侵造成的傷害不是刀刀見骨、血肉模糊的傷痕，卻幽幽藏在意識與潛意識裡，我們總是對受害者萬般不捨，對加害者大加撻伐。但若犯下罪行的是智障者，即使證據確鑿，沒有轉寰空間，對這樣的「加害者」，我們是否能有更多的理解與寬容？

我聽某法官說過，他處理某起性侵案時，發現加害的智障者舉止有禮，談吐大方，平日工作或生活也很正常。好端端一個人，為何鑄下如此大錯？經他耐心詢問，對方才透露過去安置機構被性侵多次，他誤以為這麼做是「正常的宣洩」。什麼是有罪？什麼是無罪？法官也沒有答案，只是感到無奈。

法律向來無法拯救已經發生的一切，只能讓犯罪者付出應有的代價。但就上述案

11〈智障者的性權利〉，甯應斌，《蘋果日報》，二〇一〇年九月二十三日。

例而言，加害者不也是受害者嗎？法律的制裁對他有什麼意義？能讓他理解自己做錯了嗎？懺悔來自於內心的譴責，而不是外加的刑罰，如果他無法理解自己行為的錯誤，入獄服刑未必會成為更好的人，反而只是將他推向被害的深淵。

智障者因表達能力有限，被誤認是加害者的例子時有所聞。多年前，臺北市內湖分局逮捕偷竊摩托車的趙姓智障者，經過幾天借提與偵訊，突然宣布他承認犯下某起姦殺案。趙媽媽心想，兒子個性溫和膽小，應不致犯下重大傷害，向智障者家長總會求救。經過智總與律師奔走，總算透過DNA鑑定還他清白——原來員警會給他飲料和香菸，他很開心，不管員警問他什麼，他都承認。

受害創傷與定罪限制之間的拉扯，總是讓性侵案充滿不確定性，而每個智障者的障礙與理解程度不同，涉案狀況不一，很難一概而論。但我總以為，除了在制度上的改變（如提升警政司法人員的性（別）意識、強化案件訪談人才的專業）之外，更重要的是必須改變一般對「性侵」根深柢固的觀念，那就是「性侵」之所以構成犯罪，在於加害人是透過威脅、恐嚇等手段，迫使對方就範，而不是「性交」本身是罪惡的——不論對象是幼童或成人、智障者或非智障者，都是如此。

智障者的內心，有如居住在外星球那樣神祕莫測，就連最親近的人也未必敲得開心門。當外界想方設法，企圖保護他們免於被性侵之際，是否可能陷入「剝奪了他們的快樂福利」的困境？這讓我想起某特教學校生輔員的名言：「他們只要吃飽、睡好就已經很好了，還想要什麼幸福快樂？」

這種對障礙者的無知與漠視，恐怕才是他們最可怕的敵人。

三、身體不說謊

少女朵拉的啟示

世人常以為智障者的生命負擔沉重，至於他們心裡是怎麼想的，沒有人知道。就我個人有限的觀察，他們或許有時憤怒，有時痛苦，仍有充滿喜悅與寬容的時刻；尤其在接受旁人的愛與關懷時，臉上自有一種難以言喻的光采，藏都藏不住。

對他們來說，「愛」是什麼呢？

電影《少女性愛官能症》（*Dora oder Die sexuellen Neurosen unserer Eltern*）是少數以障礙者性慾為主題的電影，影片敘述十八歲唐氏症患者朵拉的心智還是孩子，身體卻已是成人。她無意間撞見父母床笫之事，慾望有如初潮來臨般赫然甦醒，與陌生男子肆意歡愛。結果，她懷孕了。

這對朵拉爸媽來說，簡直是晴天霹靂。他們從來沒想過，喜歡擦指甲油、穿漂亮衣服的小朵拉也有性慾，而且還想把孩子生下來！他們試圖說服她把孩子拿掉，朵拉卻不這麼想，她覺得照顧寶寶有什麼難的？而且，媽媽也可以幫忙她呀！

朵拉爸媽是愛她的，他們表達愛的方式，是帶她去裝避孕器，替她決定墮胎，他們以為，一旦「性」涉及了生育責任，朵拉是沒有資格擁有這樣的權利。最後，爸媽忍痛將她送至專門照顧唐氏症者的機構，因他們已無能為力。

像朵拉這樣高功能的智障者有判斷能力，也有正常的情緒與感受，她想要愛，想要被愛，想要當媽媽，為什麼不可以？

父母是否可代為決定智障者的生育權？這一直是極富爭議性的議題。有朋友透露父母常趁寒暑假帶智障女兒摘除子宮，以杜絕後患，引起現場一陣驚呼。就在眾人七嘴八舌批評太過殘忍之際，向來炮火猛烈、毫不留情的S卻一反常態，幽幽地說：

「我是覺得啦，他們應該也是不得已。你想想看，十幾歲的女孩子，傻傻的什麼都不知道，萬一真的被人家怎樣了，懷孕了，怎麼辦？要讓她生喔？當然不可能啊！最好就先（把子宮）拿掉啊！」

「可是子宮是她的，父母怎麼可以剝奪她生養小孩的能力？」有人憤憤說道。

S露出一副「一聽就知道沒生過小孩」的表情，坦蕩地看著對方，眼皮眨都沒眨：「不瞞你說啦，我是很慶幸我生的是兒子，是男生。如果是女生，她懷孕的話，就完蛋了！」

這讓我有點意外。在我印象裡，S對障礙兒子的性需求十分理解，也很能接受，還會準備保險套讓他隨身攜帶。

「如果是你女兒懷孕的話，你會怎麼處理？」我問她。

「當然是拿掉啊！要不然咧？你覺得應該要讓她生下來，然後我們幫她養喔？」她快人快語地答道。

現場陷入尷尬的沉默。S歉然一笑，解釋道：「我這樣說，你們可能不太認同，可是我是覺得啦，這些小孩就是沒辦法負責任，最後出了事，還不是要我們大人出面？可是就算我們出面了，又能怎樣？是要讓她把小孩生下來？還是讓做錯事的小孩結婚？……你懂我意思嗎？他們不是普通小孩，他們就是『殘障』啊！」

我鮮少說不出話來，但在那一刻，我完全無言以對。

誰的身體？誰的自主權？

居禮夫人（Marie Curie）說過：「生命當中沒有什麼是可以恐懼的，生命只是需要被瞭解，一旦我們瞭解的愈多，恐懼就會愈少。」

一般對智障者的態度也是如此。他們的故事那麼多，心思那麼幽微又難以理解，渴望穩定、秩序的人們心生恐懼，以為「異常」生命的存在，將威脅「正常」個體與家庭的生存。特別是社會處於巨大變動之際，常將難以安身立命狀態的焦慮轉化為強烈的被威脅感；要維持「正常」社會的運作，必須肅清「異常」的存在，強制結育的政策於焉出現。

二十世紀上半期經歷兩次大戰的摧殘與破壞，以及生物學和遺傳學者提倡優生觀念，德國、美國、加拿大、瑞士、丹麥、瑞典等國相繼制定以優生學為基礎的生育法令，要求對智障、精障、癲癇、精神分裂及亂倫者進行強制結紮，引發了不少爭議。[1]美國

1 主要資料來源見〈納粹政權對於「無生存價值」德國人的處置〉，伍碧雯，《成大西洋史集刊》第十期，頁二八七至三一〇，二〇〇二年三月。

的「貝克訴貝爾案」(Buck vs. Bell)[2]便是相關爭議之中的經典案例。

一九二〇年，美國維吉尼亞州癲癇暨精神耗弱病院的普萊帝醫師（Albert S. Priddy）根據州政府《智障者絕育手術法案》，要求對智障女子嘉莉・貝克（Carrie Buck）進行絕育手術，理由是她智商太低、生性淫蕩（育有私生子）、母親賣淫，足證她「基因不良」，最好強制絕育。但貝克的監護人及律師指出，維州智障女性不只貝克一人，州政府只要求她進行絕育，是違反美國憲法第十四條修正案「平等對待」的原則，向法院提出訴訟。

事後外界得知，貝克的私生子是她在安置家庭被主人強暴的結果，但即使如此，一九二七年美國最高法院仍以八比一的投票結果，支持貝克必須被強制結育。判決書執筆人、著名法學家霍姆斯（Oliver Wendell Holmes）是這麼寫的：

與其等著這些人犯罪後再來判刑，或是讓他們因無能而餓死，不如防止這些生性低劣的人生育後代，這對社會或世界都是好事。正如同強制施打疫苗一樣，強制執行輸卵管切除術亦適用於這個原則。三代智障已經夠了。[3]

但，事情還沒完。更駭人的人性之戰正要開始。

一九三三年，德國國會援引「貝克訴貝爾案」的判決，通過《遺傳病患後代防止法》（*Law for the Prevention of Hereditarily Diseased Offspring*），規定智障、精障、躁鬱症、癲癇、杭丁頓舞蹈症、身體缺陷及嚴重酗酒者，必須透過去勢、輸卵管節紮、摘除卵巢等手術強制結紮，而且只要家庭醫師、醫院醫師或教養機構人員同意，就可以進行手術。據悉，從一九三三年到一九三六年，至少有二十萬德國人接受手術。日後納粹相繼提出「T4行動」[4]、「消滅畸型殘障兒」等計畫，將障礙者、罪犯及健康的猶太人等「沒有價值的人」送上黃泉，有如他們是生活裡被棄置的垃圾，必須埋到地底下去，讓人看不見他們的存在。這樣的做法經報章雜誌、電影及醫師的宣傳，德國民眾均接受了

2 普萊帝醫師在提出申請後不久便去世，工作由貝爾（John H. Bell）醫師接手，因此這起案子稱為「貝克訴貝爾」案。

3 見美國最高法院判例 Buck v. Bell, 274 U.S. 200（1927），https://supreme.justia.com/cases/federal/us/274/200/case.html#207。

4 T4行動（Aktion T4）是納粹德國一項殺人計畫代稱，所有通過「決定性的醫學檢查被判為病入膏肓無可救藥的病人」，透過施藥、饑餓、毒氣等方式遭到屠殺。這項行動是在柏林帝爾加藤街4號（Tiergarten-straße 4）一間別墅擬定的，因此稱之為「T4行動」。

強制結育的正當性與必要性，就連納粹擔心的宗教界也未出現反彈。[5]

時至今日，國家體制強制智障者結紮已不多見，家屬主動要求的倒是時有所聞，這是圈內不能說的祕密。我試圖接觸家屬卻不得其門而入，就連匿名受訪都不肯，只能間接從旁人口中得知一二。「你想想看，如果你女兒每個月那個來的時候，弄得全身髒兮兮，怎麼教也教不會，你要她爸媽怎麼辦？當然是想辦法拿掉子宮跟卵巢啊！」一位不具名的障礙者親友如是說道。

智總祕書長林惠芳認為，智障者的需求未必是什麼了不起的「大事」，都是些瑣碎的「小事」，若非身歷其境，很難體會為何小事會造成龐大的壓力。她提到有個單親爸爸不知如何處理女兒月事，她觀察女兒會洗碗、幫忙做家事，應該可以自己解決，便請爸爸多準備一點衛生棉，要她每堂下課去廁所更換，並在底褲上先做好記號，教她把棉片貼在記號上，就行了。經過一段時間的陪伴與練習，女兒終於學會了，爸爸的自責與羞愧也沒了。

「以前常有家長問我，可不可以把小孩的子宮拿掉？我的回答是，當然不可以呀！沒有人有權利取走別人身上的器官，這是身為人的基本權利，就算是家長也不可以，除非孩子得了什麼疾病非得摘除不可，」林惠芳語重心長地補了句：「碰到問題，只能面對，不能逃避！」

一個人若是惡意逼迫另一個人，虐待另一個人，使他的生命一步步走向毀滅，當然是犯罪。若是父母深信子女以殘缺的軀體無法活得自在，而決定替他們摘除器官，是否算是犯罪？犯的又是什麼罪？

美國「枕頭天使」艾希莉（Ashley X）的故事，就是最好的例子。

艾希莉患有先天性腦部病變，造成身體功能嚴重缺陷。她無法說話，走路，自行進食，連翻身都有困難，只能靠著胃造口管進食。她很怕痛，喜歡微笑，總是躺在枕頭上，爸媽稱艾希莉是他們的「枕頭天使」。

隨著年齡漸長，艾希莉體重增加了，身型拉長了，爸媽卻愈來愈老，體力也愈來愈差。他們幾經思考與勸說，終於說動西雅圖醫院醫療道德委員會，同意為艾希莉注射雌性激素抑制成長，同時切除她的子宮與乳蕾，讓她永遠停留在身高一三五公分，體重二十九公斤的身型，有如不會長大的比德潘。那年，艾希莉只有六歲。

二○○六年，西雅圖兒童醫院公開病例，立刻引發外界譁然，認為爸媽視艾希莉

5 同注1。

為個人財產，擅自對她的身體為所欲為，是惡意造成她的殘廢。有人詛咒他們下十八層地獄，被火活活燒死，更有人諷刺：「如果用不著子宮及乳房就可以摘除的話，為什麼不乾脆把她的手腳也剁掉算了？」

醫界對西雅圖醫院的做法，亦多半持否定態度，認為在病人沒有傷病的情況之下逕行切除器官，是對人類尊嚴的極大傷害，更是違反醫師「我將要盡可能地維護人的生命，自從受胎時起；即使在威脅之下，我將不運用我的醫學知識去違反人道」的誓詞。「華盛頓保護與倡議系統」認為，非自願絕育手術必須事前經過法院同意，判決醫院違法。院方不斷替手術的正當性進行辯護，然而排山倒海而來的抨擊，讓負責醫師承受不了壓力，自殺身亡。

為了回應外界的抨擊與質疑，艾爸特別架設官網（http://pillowangel.org/）解釋決策過程。他說，維持艾希莉嬌小的體型，是為了讓她可以隨時與家人外出，參與戶外活動，不用整天躺在床上；切除子宮是為免除月事的麻煩及杜絕子宮癌，切除乳蕾是因坐在輪椅上必須使用束縛帶，切除乳蕾會方便許多。爸媽衷心認為，所有的決定都是為了讓她生活得更舒適、更健康、也更快樂，這一切，全是為了女兒著想。

縱使反對聲浪不斷，仍有人支持他們的做法。例如以「殺掉不健全的嬰兒，在道德上沒有殺人」的言論備受爭議的哲學家彼得・辛格（Peter Singer）便公開表示：

> 就某個角度而言，任何醫療行為都是不自然的，卻能讓我們比在自然狀態下活得更久，也更健康。或許對艾希莉的爸媽來說，最「自然」的事應該是把他們重度障礙的女兒丟入狼群及禿鷹之中，就像人類歷史中絕大多數的雙親一樣。幸好這種「自然的行為」已被文明人類所唾棄……對照顧重度孩子的家庭而言，最好的做法就是讓孩子與家人在一起，而這麼做的前提必須是家人可輕易移動孩子，如此才能進行居家照顧。[6]

從艾希莉官網的留言來看，爸媽的做法並不乏支持者，尤其是照顧過類似患者的看護及家長。有人盛讚他們「發明了最有創意的解決之道，造福人群」，更有家長想讓孩子進行同樣手術，顯見照顧障礙者的箇中滋味，只有擁有類似經驗的人才得以體會。試想，若是艾希莉不接受治療，待她漸漸長大了、爸媽抱不動了，哪兒也去不了，就

---

6 "The 'unnatural' Ashley treatment can be right for profoundly disabled children," Peter Singer, *The Guardian*, 16 March 2012.

算要上下床或洗澡，只能靠著滑輪起重機移動，她的生活是否會更好，更有尊嚴？

《背離親緣》作者安德魯．所羅門（Andrew Solomon）有段既溫柔，又貼近事實的文字是這麼說的：

「會改變的愛不是愛」，此話不然，愛隨時在改變，像流體一樣，源源不絕，也隨著生命不停變化。我們還未認識自己的孩子，就已愛上孩子；而瞭解孩子後，愛的方式也隨之改變。社運人士為艾希莉失去的東西而憤怒，她長不高，性徵不會成熟。長高、發育，這些都是自然的生命歷程，但並不會因為是多數人的經歷就擁有無上價值。這只是一場精密的得失計算，權衡「長大、發育」與「生長抑制、摘除子宮」之間的輕重。從來沒人說有認知能力的人也適合接受艾希莉這種手術。[7]

爸媽是希望艾希莉不再受苦，或是自己不再痛苦？這兩者很難區分。如果他們的日子可以過得輕省一點，艾希莉就能得到更好的照顧，這是一體兩面的事，很難切割清楚。

宜蘭有位母親因擔心兒子的智障會傳給下一代，趁他還在念小學、似懂非懂之際，就帶他去結紮了。但結紮手術並未阻斷兒子的性慾，成年以後的他一天到晚吵著要結婚，母親的極力反對讓兩人常為此發生齟齬。有回母子再度為此爆發衝突，兒子憤而離家，再也沒有回來。

透過電視畫面看到他們小小的家，狹窄細長的格局，日光燈投射出來的光線讓屋內色澤單調，牆面卻突兀地貼滿一張張紅色的春聯，是用來遮住兒子憤怒時寫在牆上「我要結婚」及咒罵母親的三字經。母親對著媒體鏡頭，一臉無奈：「我這麼做是為著他好，他毋知影啊！」[8]

愛，從來不是只有甜蜜，更常意味著痛苦，意味著孤獨，意味著許多需要放棄的地方。因為愛，父母做出決定，也必須承擔決定帶來的後果，獨自咀嚼著寂寞，但他們願意。

根據《優生保健法》第十條及第十一條規定：「未婚之未成年人或受監護或輔助宣

7《背離親緣》下冊，頁四十一至四十二，安德魯．索羅門著，簡萱靚譯，大家出版，二〇一六。

8 我不記得當時看的是哪個新聞臺的報導，但許多平面媒體均報導過此事。如〈癌母騙結紮　精障兒恨娶嘸某〉，曾百村，《中國時報》，二〇一一年三月二十四日。

告之人，施行結紮手術，應得法定代理人或輔助人之同意」、「醫師發現患有礙優生之遺傳性、傳染性疾病或精神疾病者……應勸其施行結紮手術」，亦即監護人可代為決定是否結紮，但不能任意切除器官（除非是治療性切除）。只是照顧工作如此漫長而艱辛，就算有心有愛，悉心相伴，疑惑與挫折仍日日發生，時時出現，心力交瘁的照顧者只能在鐵血的法律高牆之上，試圖找出突圍的縫隙，說服同情的醫師拔（手術）刀相助，一勞永逸。

沒有人能否定智障者有性需求，這不是理論，而是真實的經驗。但同樣真實的經驗亦告訴我們，智障者被性侵的比例居所有障別之冠，面對如此險峻的事實，光以「尊重身體自主」、「追求性的自由」，恐怕無法解除照顧者的疑慮。

符合倫理原則的決策未必會產生最好的解決方法，卻有助於審視其中的關鍵因素，釐清什麼是最重要的價值，進而權衡取捨結果。智障者的個別差異極大，無論法令如何規定，都很難一體適用。若沒有行為能力的當事人的醫療權益與家屬的決定產生衝突，或是家屬有可能涉及故意忽略當事人的權益時，交由客觀的第三者，如法院或醫療倫理委員會進行仲裁，在評估過程中加入醫師、心理師、社工師的專業意見，針對當事人身心狀況與家庭背景進行討論，或許能做出較符合當事人利益的決定。

任何具有高度爭議、一時難有共識的議題，需要不同立場的人在現實中看見、並理解彼此的差異，才能產生具有生產性的對話。在回應人權、人道、人性的呼喚之前，我們必須先走上一條迂迴的摸索之路，但只要願意，就算摸索，也能前進。

責任與倫理

「性」未必只在兩腿之間，它是一種人際關係，也是對溫柔撫觸、親密關係的渴求。「性」與「愛」，往往是分不開的。

美國智障者公民協會（The Association for Retarded Citizens of the United States）出版的《性政策與程序手冊》指出，性是每個人生命歷程的一部分，智障者有情感需求，也有隱私權、愛與被愛、發展情感與友誼、學習安全的性、結婚與生育等基本權利。

理論是如此，如何具體實踐，才是真正的考驗。

據我瞭解，智障者對「愛」的理解，往往是「喜歡跟對方說話」、「想跟對方在一起」，至於「在一起」的意思，僅止於親親抱抱，就沒了。照顧者面臨的抉擇是：鼓勵他們瞭解更多？或者維持在兩小無猜，淺嘗即止就好？

這不是個簡單的決定。照顧者就算經過理性思考做了選擇，仍舊可能感到疑惑，因為一步走對了，會影響很多年，一步走錯了，要後悔好多年，每個抉擇面對的都是未知，對當事人產生的影響更是難以估計。這樣的難題因為學校不教，機構不談，因而造成不少困擾。

以教養院做為背景的小說《失控的照護》裡有段寫實的描述：

在接受洗澡協助服務時，在他人幫忙清洗下體時，有時候會開這類猥瑣的玩笑：你誠心地服務一下吧，不然，含在嘴裡也可以哦！在照護工作中，遇到性騷擾的狀況並不少見，甚至可說是附屬品也不為過。當聽到他們這樣說的時候，對照顧服務員的要求是：不要當真，輕輕地閃避，保持笑容應對……假使對方有錯，還是不能立刻就責怪，怒罵，對他們來說，一定出於某些原因，也可能是因為感到寂寞。如果對方不停糾纏，再怎麼克制也無法忍受時，就應該要跟上司商量，更動工作配置。在那種狀況下，不應放任情緒爆發，考慮對方的心情而妥善應對才是最重要的。[9]

我問年輕社工L，萬一遇到這種狀況，怎麼辦？她頓時脹紅了臉：「大概會假裝沒聽到，然後默默飄走吧！」那麼，主管是否建議該如何處置呢？她搖搖頭說，沒有耶，不過在啟智機構工作的學姊說，智障者性慾不滿足感到焦慮時，很像快溺斃的人一樣拚命喊叫，手腳亂舞的，看起來很恐怖！

青春的肉體只要觸動了隱藏的慾望，就有可能像引爆了地雷，一發不可收拾，若是沒有足夠的知識與訓練，很難妥善處理得當。因為難以啟齒，又擔心觸動障礙者的慾望，難怪機構總是避談與性相關的議題。

但也有研究指出，機構之所以採取迴避的態度，或有其利益上的考量：

一旦身心障礙者情慾問題受到重視，可能透過需求評估進行福利服務時，這些非營利組織受訪者均表示願意協助進行服務輸送。但是研究者也發現半數以上的受訪者雖然表示願意，但深怕組織的形象受到影響，也會影響對外募款績效，同時擔心這項需求一旦被視為福利服務的施為，可能會排擠其他福利預算，而現有

9《失控的照護》，頁九十九，葉真中顯著，吳宇心譯，天培文化，二〇一五。

福利制度對身心障礙者保障根本不夠，政府能否正視情慾表達議題的重要性，則持較保留的態度。[10]

事實真是如此嗎？社工劉俊緯根據自己的經驗與觀察，說：「機構向來很避諱談性這個議題，因為需要處理的問題太多了。對主管而言，要怎麼去管理這些人是很重要的，如果是在作業所，他們必須工作，如果是在機構，他們必須上課，萬一他們談戀愛了，做不了事，怎麼管理？不小心擦槍走火了，是他們自己的責任？還是機構的責任？萬一家長投訴怎麼辦？所以大部分機構都會動用 power 去避免掉 rights，避免掉 responsibility 這些東西。至於性教育的教材，只會講身體哪些地方不能讓人亂摸，或是對異性要有禮貌什麼的，其他的，就不會再多講了。」

大多數社工都不太願意開口談這個問題，但劉俊緯不同，他是據我所知少數樂意分享相關經驗的專業工作者。他在大學入學不久便發現，社工系的既有課程只在探討青少年、家暴跟性別時提到性，討論障礙議題時卻隻字不提，這讓他困惑極了。性分明是基本的生理需要，更是對身體感知的重要手段，無論是接觸、撫摸、自慰、高潮，都可以確認、並強化自我的存在感，這麼重要的議題，為什麼大家都避而不談？

大三那年，他到全日型機構實習，有外配陪著婆婆來探望智障丈夫。婆婆對劉俊緯說，每個人都要有個伴，這沒什麼啦，還說，兒子沒結紮，但媳婦有避孕，態度十分坦蕩。

「那時我還是學生，當下只覺得，哇，這個媽媽想好多喔，也很佩服她沒有逃避兒子的需要。」細心的他觀察到外配總是順從地垂下頭，默默站在婆婆身後，不發一語，鮮少與丈夫互動，那樣的寂寞，像是寂寞到了心底深處。「我覺得說白一點，外配到那個家庭，一方面是照顧者，一方面是排解性慾的工具，等於是媽媽花錢壓迫外配去取悅兒子嘛！不過你也很難說是對是錯啦，因為她在法律上，是完全站得住腳的。」

這樣的故事，我們已經聽過太多了。家屬透過仲介到東南亞物色媳婦，業者隱瞞男方智障的事實，或另找非障礙者捉刀相親，待雙方看對了眼，一切都談妥了，外配千里迢迢來到臺灣才發現真相，但，一切都太遲了。[11]

10〈從互動模式探討臺灣身心障礙者情慾表達之困境〉，邱連枝，第二屆南方社會工作暨社會福利研究生論文發表會，二〇〇九。

11 訴請裁判離婚必須具備法定要件，智障者的配偶若在結婚前不知結婚對象是智障，便具備訴請裁判離婚的法定要件，但外配或因語言、文化、溝通或生活等因素考量，鮮少以此為由主動訴請離婚。

她們在名義上是妻子，實際上是二十四小時看護工，負責醫療看護、傳宗接代、柴米油鹽，這樣的婚姻就算衣食無缺，怎麼說都是殘破的。雖說疼惜外配的婆婆不是沒有，但把外配當成奴工使喚卻時有所聞。我知道最離譜的例子是婆婆不滿印尼媳婦不肯敦倫，動手強壓媳婦讓智障兒子硬上，後來是鬧上法院，消息才曝了光。[12]

誰說臺灣最美的風景是人？嘖嘖。

然後我們聊起昔日老榮民娶障礙女子為妻的事。我在查閱資料時看過不少類似故事，例如七十多歲老榮民經人介紹，娶了二十多歲重度智障的妻子，大小便無法自理，終日蜷曲在牆角，不發一語，只會傻笑。這樣的婚姻，無論怎麼說都是殘破的，但別人怎麼勸說，老榮民仍不肯將妻子送去教養院，他以為，照顧妻子是他的責任。談到這裡，年紀輕輕的劉俊緯以不太符合他年齡的口吻說道：

「那是一個時代的問題啦，對老兵而言，他們需要一個伴，障礙者家屬又希望女兒有人照顧，剛好match……唉，你很難說誰對誰錯。」

我覺得劉俊緯像個「有著年輕軀殼的老靈魂」，他笑說，嗯，好像是耶。他的成熟與敏銳，固然一部分來自專業訓練，我想這樣的特質，多少與他的成長背景有關。他有個罹患自閉症的哥哥。

他說，從小哥哥會莫明其妙打他，搶他東西，爸媽要他忍讓，他雖不情願，仍勉強配合。同學笑他：「劉俊緯家人都是白癡，不要跟他玩！」他默默承受，所有的委屈，所有的孤獨，只能獨自承受，沒人分擔。

無論內心有多麼抗拒，生活中仍處處有著哥哥的蹤跡，這讓他感到痛苦。大學時期他赴笈北上，離開了家庭，擺脫了哥哥，卻在填志願時選擇念社工，就是為了更瞭解哥哥，這樣的矛盾，就連他自己也說不清。後來他從服務個案的經驗中，彷彿照見了兩兄弟既依賴、又矛盾的情感連帶，過去的一切變得無足輕重。何況，人人說他擅於察顏觀色，樂於助人，這樣的優點，應該與有個如此特別的哥哥脫離不了干係吧。

兄弟倆長年的隔閡，當中有傷害也有衝突，但他漸漸看到一個新的開始。時間果然帶來驚喜的詫異，他回宜蘭老家，向來少話的哥哥用手指著月曆，說「這是俊緯生日」，讓他當下一愣。他從來沒跟哥哥認真溝通過，可那天覺得心意又好像彼此都懂，乍聽讓人微愕的話，多體會一下才赫然明白，這是哥哥表達愛的另一種說法。衝著這句話，他暗自決定，未來一定要好好照顧、陪伴哥哥，跟他一起慢慢變老。

---

12 第一次聽說這事時，我以為是說者誇大，後來真在報上看到新聞。見「婆婆強壓媳婦　助智障兒硬上」，余雪蘭、謝銀仲，《自由時報》，二〇一一年五月六日。

「我爸媽一直很怕我哥變成我的負擔，一天到晚跟我說，哥哥的事我們會處理，你不用擔心，長大以後不認哥哥也沒關係，好像很怕沒人敢嫁給我。沒想到我這麼不孝，不只沒有不認哥哥，還跑去念社工！」他大笑說道。

劉家的教養態度很開明，很自由，對兩兄弟都是如此。劉爸爸是泌尿科醫師，他去中學宣導性教育時帶了一堆保險套，耐心解釋如何使用，在保守的小鎮引起騷動。對於哥哥的性需求，劉爸的態度是順其自然，但會善意提醒，雞雞癢的時候要去廁所，不要在大家面前做喔！「有時候我哥在家會用下體摩蹭椅子，我爸就說：不要理他，他正在爽！這讓我感受到，他對這一塊是很開放的。」

劉家阿公也很有意思。那日哥哥從廁所走出來，一副汗流浹背的模樣，阿公見狀說：「啊，歸身軀汗！」順手拿毛巾替他擦汗，哥哥像是被發現了祕密，馬上見笑轉生氣，砸杯子砸碗，發了好大一頓脾氣。事後爸媽分析，哥哥應該是在廁所自慰，誤以為被阿公識破了，才有如此暴烈的反應。

擔任婦科醫師的劉媽媽也很妙。劉俊緯回憶年少時手上有幾本「典藏的東西」（他笑嘻嘻地告訴我：「年輕的時候，哪個男生不是這樣啊？」），他把書拿到廁所翻閱，順手擱在馬桶上，忘了帶出來。睡個午覺醒來，咦，怎麼書自己長腳，爬到桌上來了？

事後媽媽語氣平淡地說：「欸，你那個放在廁所的書，裡面什麼『打打殺殺』的啊？」他告訴媽媽交了女友，隔了幾天，房間裡靜靜躺著一本《九十九種錯誤的性知識》。說到這裡，他忍不住大笑：「我們家就是這樣啊！在這方面是很open的。」

他一直對身體、對性的態度十分坦然，直到進入職場才知道，像他這樣可以自在談性的，是少數，避而不談的，才是多數。

他服務的社福機構舉辦「愛心拍照」活動，主管緊張兮兮地警告大家，千萬別讓一男一女單獨拍照，免得產生「危險的互動」。劉俊緯在心裡反問，拍個照，有這麼嚴重嗎？真想不出有比這可笑的事了。他建議機構開設障礙者性教育課程，同事一臉不解地問說，談這個，會不會太over？可以想見，最後他的建議沒有被採納。

他對同事的性觀念無從理解，也沒有興趣知道，只是懷疑，將個人價值加諸於服務者，是否會影響當事人的權益？「今天我們談這個議題，不是為了自己，是為了別人，我們憑什麼決定他們該想什麼？做什麼？可是同事說：瞭解這個要做什麼？又不一定用得到……」說話又快又急的他不覺放慢速度，稍微移動了一下姿勢，說：「我是覺得很可惜啦！」

劉俊緯有意識地保持高度自省，不時檢驗個人成長背景、人生觀與價值觀是否會干預當事人。他在性方面頗為保守，堅持固定伴侶，卻不要求當事人也得如此。有前輩耳提面命：「我不管智障者怎麼談戀愛，都沒有關係，就是不可以懷孕！」但他卻有不同想法，因為專業價值與個人價值一定有拉扯的時候，社工只能盡力協助，不能越俎代庖，替對方決定怎麼過日子。

算起來他的社工生涯不算長，但協助智障伴侶的一段故事堪稱經典。那時小夫妻的生活剛步上軌道，劉俊緯擔心女方F若是懷孕了，會打亂好不容易穩定的生活，但不確定他們是否避孕，遲遲不知該如何開口。一日，男方M剛好不在家，他故作輕鬆對F說：「你們兩個住在一起，要『小心』一點啊……你知道我在說什麼喔？」

「有啦有啦，已經有人警告我們做愛要小心一點，不要生出baby喔！」F爽快答道。

「那，你們有做什麼防護嗎？」

「都沒有耶。」

「那，你們多久做一次？」

「嗯，天天都做。」F怯怯地說。

這下子問題可大了。M一回家，俊緯立刻問他：「欸，你們兩個天天做，都沒有戴套子喔？」

「對啊，戴那個不舒服。」M說。

「可是不戴的話，會懷孕，怎麼辦？」

「如果懷孕的話就生下來。我喜歡寶寶！」F斬釘截鐵地插話。

「照顧小孩很辛苦喔，你現在想生小孩嗎？」

「不行，現在沒錢。」F倒是很實際。

「那你要不要去結紮？」劉俊緯轉頭問M。

「不要，這樣不像男生。」M執拗地搖搖頭。

那一刻在他心裡掀起了不安，總覺得好像該多說點什麼，多做點什麼，說服他們避孕。但他隨即又意識到不該操縱他們的人生，決定不再過問，一切順其自然。

該來的總是會來。隔了兩個月，F說肚子不舒服，還會吐，他直覺大事不妙，立刻帶她去醫院檢查。果然，恭喜，懷孕十二週了。出了診間，F立刻打電話給M：「我有了ㄋㄟˋ，你要當爸爸了喔！」事後F說，M的反應是「非常驚訝」，劉俊緯沒好氣地心想：哼，你驚訝個屁呀！

問題既然來到面前了，只好想該怎麼面對，有沒有可能解決，不能假裝看不見。他認真問F說，你真的要生？F肯定地說，小時候照顧過妹妹，也做過簡單的看護工作，她一定可以當個好媽媽。

劉俊緯看著眼前的F，心想，她可以照顧好寶寶嗎？他並不很確定，但可以肯定是，就算別人不認同F有做母親的資格，她還是渴望生兒育女，就跟其他女人一樣。他想了又想，決定以同理的態度考量她的要求，進而提出建議，而不是改變她的決定。

「那時我心裡想的是，唉，這種事怎麼會發生在我身上？後來想想，幸好是我在服務，不然不知道會變成怎麼樣。」

尊重，但還是不免擔心。F每兩週做一次產檢，M白天上班，他親自陪她去醫院，明明身上掛著工作證，護士卻老把他當成孩子的爸，頻頻問他：「把拔，可不可以請你幫我在這邊簽個名？」、「把拔，請你過來幫一下忙好嗎？」他耐住性子，不厭其煩地解釋：「對不起，我不是爸爸，我是社工。」坐在一旁的F竟翻起白眼：「喂，你幹嘛吃我老公豆腐啊？」他回望F認真的眼神，哭笑不得。

「我跟他們兩個很好，說話都很隨便。像我跟M會說，你查甫人不要只會射，你要負責耶！我這麼跟他說，他也可以接受，」他笑著解釋：「我們做社工的真的必須很多元，有時候要畢恭畢敬，有時候要很『庄腳』、很『彳亍』，range真的很廣！」

對於愛情，M與F都有美好的想像，真的在一起了，則是另一回事。互相摩擦，互相溝通，或許不總是歡樂，然而兩人禍福與共，不曾分離，且一路都有劉俊緯相伴，讓他們很安心。有一度劉俊緯懷疑自己太雞婆，做了不該做的事，主管鼓勵他：「這個家庭必須有社工定期介入，只要基於專業考量，你就放手去做吧！」

每次陪F去做產檢，不論是醫師也好，護士也罷，總是再三勸告：「小孩生下來了，你要怎麼帶？真的不考慮拿掉嗎？」這讓劉俊緯想起自己也有過同樣的疑慮，覺得他們連自己都照顧不來，怎麼生小孩？但那時主管提醒他，社工要擔心的不是能不能生，而是有沒有能力照顧，而這些問題可以透過支持及服務系統解決。這句話，他終生不能或忘，在處理M與F的個案時，他從不要求他們放棄孩子，而是想方設法為他們營造更好的生活條件。

孩子生下來了，M與F還是不肯避孕。他分別問過兩人是否打算結紮，M還是老話一句：「那樣就不是男人了。」F則說：「身體裡面裝一個東西，好奇怪。」他覺得這種事不能掐著人家脖子做，就算了。

隔了一個月，F主動要求：「俊緯，我每天餵母奶換尿布幫小孩洗澡，真的好累好麻煩。你可不可以帶我去裝避孕器？」

他知道，時機到了。他著手替F申請急難救助金，帶她去裝避孕器。

這對夫妻經濟狀況不佳，就算沒吃飽，也沒讓孩子餓過，這讓劉俊緯感到安慰。「我跟他們約法三章說，你們要怎麼過日子，我沒有意見，只要被我發現你們半夜不回家，帶著小孩在外面趴趴走，我絕對通知社服警察或家暴中心113，叫他們把孩子抱走！」幸好，這種事從來沒發生過。

「很多人擔心他們會家暴、兒虐或遺棄之類的，但是都沒有。我想，如果以普世的價值來說，他們未必是最稱職的父母，但我認為他們已經很努力了，絕對是一對盡責的父母！」劉俊緯誠懇說道。

M及F的生命有劉俊緯陪同，順利走過戀愛、婚姻、生子的歲月，無疑是幸運的。幸福的家庭沒有唯一腳本，更沒有單一面貌。劉俊緯與這對智障伴侶的故事，有如打開了一個幽微而寬闊的視野，讓我們有機會認識不同的人生風景。

四、他們的故事

不只是活著

我見到華威（化名）的時候，他已經臥床好幾年了。他不是從發病那一刻就全身癱瘓，而是一點一點失去了力氣。醫生說情況不可能變好，只會愈來愈壞，果然，他從拿拐杖、坐輪椅、到後來只能躺在床上動彈不得，每天盯著天花板，從此再也沒離開房間。

十多歲就發病，忍耐病痛已是家常便飯，就跟呼吸一樣。既然疾病無法逃避，就如死亡沒有選項，他想在活著的時候做想做的事。透過電腦鍵盤，他熱切地與世界對話，結交了不少網友，卻仍無法滿足內心對愛的渴望。他想感受異性的撫觸，在他耳邊喃喃說著動人話語，然而現實生活中，只能看著心儀的明星照片過過乾癮。

在網友鼓勵下，他寫信給某個民間團體，說明自己來日無多，最大心願就是見到某位明星，那個團體竟然突破萬難，說服對方見他一面。當女明星坐在華威床邊，哭花了臉要他趕快好起來，華威像是忘了身體的病痛，一逕忙著要家人趕快拍照，臉上的笑意就像爸媽特別準備滿桌子的點心一樣甜蜜。

在等待明星造訪之前，我漫無目的地跟他東扯西聊，問他有沒有交過女朋友。他羞澀一笑說，沒有耶，十幾歲就生病，都沒有機會。他悄悄透露，以前在學校暗戀過女生，沒有勇氣追求，生病以後，就更不可能了。

「你都沒有跟她連絡？」我問他。

「沒有。」

「為什麼？」

「不好意思。」

「有什麼不好意思的？喜歡，就要說出來呀！」

「我不敢。」

「有什麼不敢的？」

「我怕。」

「怕什麼？」

「怕我死了，她會很難過。」

他是那麼淡定，說出來的卻那麼沉重。我只能保持沉默，不知道這時有什麼話是適合開口說出的。

當天夜裡，我收到華威傳來簡訊：「今天終於握到喜歡女生的手了……就算明天死了，我也沒有遺憾！」

華威最在意的不是見到那位女明星，而是「終於握到喜歡女生的手」，那樣的執念就外界的角度看或許可笑，從人性的角度看，卻令人感傷。

幾年之後，華威過世了。那年，他才二十三歲。

我知道，爸媽把華威照顧得很好，一點褥瘡都沒有。他們關心他吃得飽不飽，穿得暖不暖，睡得安不安穩，想盡辦法增加他活下去的機會，卻沒想過腦袋轉動不了的兒子仍是血氣方剛，對異性有憧憬與想像的少年郎。

這能怪爸媽嗎？當然不能。我們習慣視障礙者為「病人」或「非人」（non-person），只從醫學、損傷的角度理解，以為他們需要的無非是吃喝、醫療及無障礙環境，而不需要愛、友情與親密關係。就像英國多發性硬化症患者韓納福（Tutan Hannaford）說的：「男人常自以為瞭解女人要什麼，一般人也常自以為瞭解障礙者的需求。」障礙者不只想要「活著」，他們想要的更多。但這些「更多」總是被貶抑到邊緣的邊緣，彷彿他們在失去「健全」身體的那一刻，對性愛的渴望也一併消失了。

我因工作的關係認識H，他因車禍截肢以輪椅代步多年。他有點兒愛撒嬌，常露出嬌嗔的表情、半開玩笑地問道：「我可不可以認你作乾姊姊？」我故意逗他：「你要認我當乾媽也可以啦！」他咯咯笑了起來，一直停不下來。有回工作結束，我伸出雙臂，輕輕抱了他一下道別，他先是愣住，繼而露出古怪的笑意：

「欸……你是這麼多年以來，除了我媽跟米娜（外籍看護的化名）之外，第一個摸我的女生耶！」

他說出事以後，身體變成這樣，女友跑了，也沒有別人要他，身體無法修復，受傷的心亦然。媽媽委婉探問，要不要去中國或越南討老婆？他沒有憤怒，只覺得悲哀。那天我是否說了什麼安慰的話，已經忘了，或許什麼也沒說，只記得朝著捷運站緩步走去的路上，天空灰撲撲的，一點顏色也沒有。

性與愛是人生在世最低的存在感，只是這樣的困擾太難以啟齒，鮮少有人承認。因此當立凡（化名）向我傾吐感情的困擾，我是有點意外。畢竟大男人叨叨絮絮訴說愛情的苦惱，實在是太不man了。

我認識他好些年了，不算熟稔，也不陌生。每隔一段時間，他便會私訊給我，說說自己的心情，那麼細膩的文字，那麼易感的心靈，讀來讓人心疼。

原來他是個活蹦亂跳、調皮搗蛋的小男孩，因疾病造成雙腿無力，連路都走不好，原來只有課本與籃球的世界全走了樣。在這場注定穩輸不贏、與病魔抗衡的戰爭裡，到底要奮鬥不懈？還是棄甲投降？爸媽選擇了前者。他們帶著立凡遍訪名醫，打針、吃藥、推拿、整脊、針灸、練氣功、泡草藥、爬樓梯，連祖先牌位擺放位置都改了，病情仍沒有起色，只能以輪椅代步。

他的脾氣很硬，堅持起來連牛也拉不動，但因行事溫和，從不給人難堪，骨子裡的叛逆不至於人人明白。他說，病痛沒有造成太多不便，只有一事在心裡過不去，就是親愛的妹妹出嫁時，媽媽希望他不要出席。他吞聲不語，卻傷透了心。

人人說他談吐幽默，個性爽朗，是「殘而不廢」的代表，但他不想成為勵志樣板，也不認為自己天性樂觀，只是面對問題會想辦法克服而已。是啊，像他這樣惡疾纏身、不知明天將會如何的人，如果不願正視問題，解決問題，日子要怎麼過下去？

但人生有些問題，就算竭盡心力也未必能解決。例如愛情。

我常說立凡溫柔體貼、又才華洋溢，他卻一臉哀怨，沒好氣地說：「有什麼用？還不是老被人家甩！」

他談過幾次戀愛，對象都是「直立人」，據說這是「所有輪椅族的夢想」。但他以為愛就是愛，與年齡、職業、身分、或是身體障礙，沒有任何關係；如果「愛」還得談條件，就不是愛了。

他的初戀幾個月就結束了，女方說兩人不像情侶，像是知心好友，距離禮貌而安全，不想這麼拖下去。他們在女方家樓下談分手，一談就是幾個小時，她被蚊子叮得滿身是包，直到立凡覺得談夠了，確定沒有挽回餘地了，才禮貌而正式地說聲再見，默默走上樓。立凡心想，這就是分手了，這樣心碎的場景，未來會不斷上演，他得學著習慣。他認為對方不是無情，也不是不愛，否則，她怎麼肯忍受蚊子肆虐一晚，聽他把告別的臺詞說完？

「她知道你的病不會好了嗎？」

「知道啊，」他垂下眼，輕聲說道：「她身邊的家人朋友都很反對我們在一起……

我知道她壓力很大。」

「她要求分手，是因為你的病嗎？」

「我不知道耶。可是我覺得她是愛我、在乎我的，只是沒辦法承受那麼多……」他喃喃地繼續說道：「她個子矮矮，又胖胖的。奇怪，那時候我怎麼會喜歡她啊？」

然後，他遇到第二任女友，他喜歡她，卻開不了口，等鼓足勇氣告白，對方卻嚇得落荒而逃，儘管悵然，他也只能苦笑。沒想到隔了幾天，對方坦承以前交過男友，擔心立凡嫌棄。立凡心想，唉唷，交過男友又怎樣？我也暗戀過很多女生呀！我揶揄他說：「暗戀有什麼好講的？好小兒科喔！」他不服氣地癟癟嘴：「好啦好啦，反正我也只有這些可以講！」

他對這段愛情的記憶，都是一些小事，一些動作，一些說過的話，尤其是躲在女友厚厚的鏡片背後，那雙「迷濛了這世界，也成了糊塗」的雙眸。他永遠記得第一次摟著她時的緊張，第一次在人擠人的火車上，她毫不猶豫地坐上他的大腿，無畏迎戰周遭異樣的眼光，還有第一次脫下她的衣服，他興奮地顫抖……這時他天外飛來一筆：「欸，你要知道的露骨程度跟寫作尺度到哪裡啊？」

媽媽知道他有了女友，一則一喜，一則以憂。喜的是「這樣的兒子」有人愛，憂的是萬一不小心懷孕，問題就大了，私下頻頻提醒，生小孩茲事體大，千萬要考慮清楚，明明是善意，聽來卻像是警告。女友個性大剌剌的，沒有放在心上，倒是杞人憂天的他早已仔細盤算過，不做基因篩檢，不生小孩。生兒育女是一輩子的承諾，他不確定自己有一輩子能承諾。

他們的愛在溫柔的廝磨裡慢慢增溫，世界卻硬生生將這樣的愛給撕裂了。她的爸媽不希望她跟一個「殘廢的」共度一生。

這點倒是傷不了立凡，他覺得這種事好庸俗，根本不想花時間處理。「我覺得，只要我們想在一起，沒有任何事可以拆散我們，我不需要向她父母證明什麼。何況我女朋友說，我是她的唯一，我不相信我們會分手！」（說完這句話，他自己虛心加注：「對啦對啦，我就是很容易相信這種話的人！」）

但兩人相處久了，人生觀、價值觀與生活習慣的衝突逐一浮現，大大小小的誤解與爭執，讓感情有了難以彌補的裂縫，分手成了唯一可走的路。

後來我們有好一段時間沒有連絡，偶爾上他的臉書，知道他一切都好，就放心了。一天意外發現他臉書的「情感狀態」改成「一言難盡」，連忙去信詢問，他立刻撥電話來，嗓音裡透露著深沉的哀傷。具體的情況他說的不多，抒發的多半是個人情緒，那麼文藝的對白，那麼夢幻的愛情，簡直是羅曼史的情節。

那是一段見不了光的感情。這對「每次交女友就想結婚」的他來說，那麼不等值的愛，肯定是場災難。

我約他出來聊聊，聽他娓娓說著一段無法自拔的迷戀。他說，太陽花學運期間，理智要他到現場聲援，身體卻不由自主窩在她家，一待就是四天，連大門都沒踏出一步。他們曖昧不明的關係，用身體道盡了千言萬語。

「你知道嗎，我覺得我對她的感情，真的很像中毒！」她誇他長得帥，帶給他莫大的信心，至少他知道，自己有什麼是她要的。他奮不顧身付出他的感情，他的時間，他的金錢，他的靈魂，像是準備殉道的教徒，只為讓自己更加明亮潔淨，才配得上喜歡穿深色碎花洋裝、黑色小披肩、配上美麗涼鞋、冰清玉潔的她。他從手機找出兩人合影，不無得意地秀給我看。那是個清秀細緻的女人。

「後來她開始慢慢疏遠我。我懷疑她有外遇……至少是精神外遇。」

「咦，你不就是她外遇的對象嗎？」我心中十分不忍，還是脫口而出。

「那不一樣！」

「有什麼不一樣？」

「我們的感情是真的！」

我低下頭，啜了口涼掉的咖啡，味道真是糟透了。他繼續叨叨絮絮問我：「你覺得她愛我嗎？」不待我回答，他又自顧自地說：「她一定是愛我的，否則，她不會……」（以下省略二十分鐘）如此自問自答了一會，我忍不住打斷：「你有沒有想過，她不是『愛』你，而是『需要』你？」

他沒有理會我的話，繼續極力辯護說她有她的難處，不能全怪她，是他們太晚認識了，才無法帶她逃離痛苦的人生。他甚至對她說：「對不起，讓你等我那麼久，是我不好……。」

我沉默了許久，然後，我提出一直想問而沒問的事：「你有沒有想過每次失戀的原因是什麼？是不是你的病？」

「不是！」他很快大聲說道，繼而聲音逐漸轉小，「至少，我覺得不是……。」

過了兩天，他寫信給我說：

當你有一個健全人格的時候，就算你沒有能力改變這個世界的醜陋，至少這個世界的醜陋也無法輕易地改變你。我發現我現在的情緒變得憤怒，變成對這個感情以及對方感到憤怒，很不喜歡脆弱的自己，對於對方的欺騙感到生氣……。

謝謝你。那天跟你聊完之後，心底有比較踏實，不過後來在回家的路上出現很哀傷的感覺。我不討厭哀傷，這能給我決心。後來想到你問的，「障礙」與「追愛」是否形成阻礙？那應該是高中時的暗戀吧！後來每次我感到挫折，知道自己可能鑽牛角尖時，我總會提醒自己，不能讓自己依附在自己的身體障礙裡，否則我會沉進去，會討厭自己……。

他的愛情總是飽脹著痛苦的詩情，但這樣複雜的內心風景，不是他所獨有。要走向愛，在愛裡安頓，憑藉的不只是很多的感覺，愛，不只是這麼回事。慢慢的，我想他終究會明白的。

越界的美感

國中時班上有位小兒痲痺的女同學，總是靜靜的不怎麼說話，一雙明亮的眼睛配上又長又翹的睫毛，真是美麗極了。我告訴她，你的睫毛好長好漂亮喔，好像黏了假睫毛！她立時瞪大了眼睛，露出不可置信的表情說，從小到大，沒有人誇她漂亮，因為她的腿。我突然為之語塞，不知該說什麼好。就在那無聲的一刻，她說，小時候每天在家爬來爬去，從來不覺得自己「醜」，直到六歲出了家門，進了學校，從外人驚愕或蔑視的眼光，才發現自己是個醜八怪，讓她自卑極了。

日後我不斷從障礙友人那裡聽到如出一轍的故事，心頭仍會微微一驚，也更懂得那種不被認可、恥於擁有殘缺肉身的心情。為什麼障礙的身體是「醜陋」的？「美」與「醜」難道是種先驗的、不由分說的概念嗎？

根據古希臘哲學的說法，完美的身體具有高尚的道德性，相反的，殘缺的身體則是邪惡的象徵。亞里斯多德說，「美麗」是神所賜與的禮物，那麼反過來說，「醜陋」就是上天的責罰了。這樣的觀念延續至今，讓人們以為身體具有某種先驗、純淨的本質，若有任何缺陷或損傷，就是無用而劣等的，必須除之而後快——不論是惡意滅絕、蓄意隔離、或善意矯正。[1]

但慧眼獨具的義大利攝影師費馬利艾羅（Olivier Fermariello）卻看到了障礙身體的美。他接觸十多位腦痲、成骨不全症、戰爭或疾病而截肢或癱瘓的障礙者，透過相機走進他們的世界。他在「我也愛你」（Je t'aime moi aussi）[2]的系列作品裡，徹底顛覆了既有身體美學的框架，挑戰「障礙者與性無涉」的刻板印象，強烈的視覺效果令人震撼。

這些極具超現實主義風格的影像，費馬利艾羅將拍攝場景深入障礙者臥室，讓他們褪去衣物，沐浴在金色溫柔的光線下，有的人與伴侶親密地蜷曲在床上，接受鏡頭與目光的凝視。那麼奇妙而又真實的畫面，讓人不得不由衷讚嘆，原來少了一隻手、欠缺一隻腿、脊椎呈現九十度彎曲，並不如想像中那麼不堪聞問。

不是「健康」、「完整」的身體才配擁有性與愛，它們只是「不同」。或許，人們對障礙身體「可憐」、「恐怖」、「畸型」的成見，不是出自惡意，只是陌生。

有位脊椎損傷的大哥說，他每次跟太太一起出門，便感覺到周遭狐疑的眼光，一副「這樣也娶得到老婆」的表情。他悶悶地告訴我，他就算身體不便，好歹也是輪椅界的「黑狗兄」啊，這有什麼好懷疑的？夫妻倆在捷運站等車，有路人死盯著他看了好一會，繼而對大嫂說：「好可憐喔，每天守活寡……」向來不自傷、不自憐的他那天

1　在主流以四肢健全為「美」的審美觀念之下，仍存在著非主流的審美觀「慕殘」，這是一種迷戀障礙或熱衷成為障礙者的性取向；而「慕殘者」（devotee）是指在性方面特別容易被殘缺或畸形的身體所吸引，引起他們性慾的人。

2　這系列作品見 https://www.lensculture.com/olivier-fermariello。

大概心情不太好，又遇到這麼無禮無聊的人，忍不住開罵：「我是脊椎損傷，又不是老二損傷！」

脊椎損傷癱瘓，人生如同中斷？當然不是。但這樣的事，何需對外敲鑼打鼓細說清楚？

對於「不合標準」的身體來說，我們的社會太不安全、也太不友善了。因為世界對障礙者很壞，他們很早就學會了沉默自保。但有人不願如此，他們寧鳴而死，不默而生，例如小齊（劉于濟）。

小齊有張圓嘟嘟、很討喜的臉，卻很少開懷大笑，就算笑，也常是禮貌的笑，裡頭有種淡淡的滄桑。他的媒體能見度頗高，核電安全、反服貿、居住正義、勞工權益、多元成家的抗議，都可看到他坐著輪椅穿梭其間的身影。問他為什麼如此坦蕩？他說：「身體就是我的戰場，也是我的武器。這個社會很喜歡殘障者表現出很可憐的樣子，我不是，我的人生可以攤在陽光下。我以前就跟誼芳（小齊妻子）說過，我快死的時候，你把我推到總統府前面，最好還要操作成說你沒能力照顧我，害我快死了……」然後，他要我把桌上的水杯推到前面，用頭就著吸管啜了幾口，繼續說道：「現在衛福部太偏僻了，不像以前去內政部，旁邊還有臺大醫院，如果出事也比較方便。

所以現在要抗議的話，只好改去總統府……。」

「這麼嚴肅的事，你可以說得這麼輕鬆喔？」我自以為俏皮地說。

「這樣有很輕鬆嗎？」他定定看著我，「我都說自己還剩最後一口氣的時候要到總統府了，我不覺得這是很輕鬆的事啊！我想凸顯的是我們的長照很爛啊，我就是被長照害死了！」

我想起剛認識小齊時，他與誼芳才二十出頭，他介紹誼芳時說：「這我女朋友，小公主！」我忍俊不禁笑出聲來，誼芳害羞地站在他後頭，不發一語，不像小齊，碰到任何人，遇到任何事，總是可以侃侃而談。

花樣青春的女孩選擇與輪椅族談戀愛，肯定遭遇過不少波折。我問誼芳最喜歡小齊哪一點？她支支吾吾，說不出口，過了一會才羞澀表示：「他很孝順，對朋友很好，又很有正義感……而且，他教我很多事！」

外人常以為小齊大男人，其實他對誼芳用情極深，是真把她當公主對待。他沒有行動自如的雙腿，可是輪椅跑得比誰都勤快，天天送便當到公司給她；下大雨時，只要一通電話，他二話不說，立刻穿上雨衣送上乾淨衣物。他常陪著誼芳四處追星，在大姨媽報到時守在她身邊，就算她使使小性子，他也不以為意。有人誤以為小齊的柔情來自於失去的恐懼，其實誼芳凡事依賴小齊，恐怕是她更需要他吧。朋友問誼芳說，跟障礙者交往，很辛苦吧？她說，不會啊，都是他在照顧我耶！明明是實話，卻沒有人當真。

小齊年紀輕輕卻擅於察顏觀色，是被迫培養出來的能耐。他一出生就肌肉無力，醫師檢查不出原因，家人亦束手無策，心裡的鬱悶可想而知。回憶求學種種，他坦言很黑暗，很不快樂：「我小學的時候，每堂上課前要舉手喊有，一天舉八次都沒有問題。可是有一天，手就舉不起來了，老師說是我太懶，不願意動，可是，我也不知道是為什麼啊！」

因為行動不便，他總是低聲下氣請同學幫忙拿便當、擡輪椅上下樓。每到下課時分，他總是緊張極了，就怕幫忙的同學跑了，既上不了廁所，也下不了樓，這樣的經歷，讓他對人情世故看得很通透，比同齡年輕人世故得多。尤其想到獨自把他拉拔大的媽媽，便有著無限感慨：「我沒有人陪，我媽更沒有，她能跟誰分享？她只要開口說：『我有一個這樣的小孩……』人家就句點了，沒人想跟她聊下去。」

承擔悲傷恐懼與孤獨許久，直到二十歲時，他在朋友建議下，決心查明身體是什麼毛病，才讓多年的疑惑有了解答——他罹患了肌肉萎縮症。

害怕與愁煩在所難免，一旦不必猜測罹患什麼惡疾，人生反倒豁然開朗起來。他想，既然病名確定了，也知道是無藥可醫的罕病，那麼，就想辦法與它共存吧！

小齊是外婆與媽媽帶大的。外婆很疼他，一度想在福建老家替他「買」個老婆，還說，有了老婆就可省去請外勞的麻煩，多好啊！媽媽認為他年紀還輕，談什麼結婚不結婚？身體這樣，哪有可能？就讓媽媽養一輩子吧。她們什麼都替他想了，就是沒問他的意見，這讓小齊悶極了。

「你能不能做？你怎麼做？你會不會生？這是我從小到大一直被人家問的問題。在我成長的過程中，一直很有意識知道我喜歡誰、想追求誰，並不會因為我有障礙，這個區塊就消失，」小齊頓了頓，說：「可是我媽他們都沒想到，其實我也有（性的）需要。」

青春期的性就像是一頭怪獸，怎麼樣也消滅不了。為了克服這頭怪獸，他與同學團購A片，趁著深夜全家都睡了，邊看A片邊打手槍。因為無法想打就打，每次他都必須有所布局：先把衛生紙放在床頭，把垃圾筒拿近一點，等媽媽出門或在廚房做菜，匆匆忙忙打上一槍，雖然刺激，卻沒什麼情趣。

渴慕女性，有性幻想的小齊決定主動出擊，鼓起勇氣向心儀女性表達傾慕，卻老是收到「好人卡」。他從不氣餒，愈挫愈勇，終於在收到第N張好人卡之後，遇到了誼芳，兩人牽手至今超過十年了。

他們交往的日子，就跟其他情侶沒什麼兩樣，喜歡一起看電影，吃小吃，跟朋友聚會唱歌。當然，也會為了芝麻綠豆大的小事吵嘴，等氣消了又討論要去哪裡吃飯。漸漸的，他們都有了那份廝守終生的心情。

接下來的日子，並不如想像中平順。雙方親友的誓死反對，一直是橫在兩人中間的阻礙。誼芳因為恐懼、不安和一些說不清楚的理由，開始避不見面，小齊震驚、憤怒、不安、傷心，束手無策。朋友知道小齊痛苦，誼芳傷心，想盡辦法安排兩人面對面溝通，小齊感覺得到，誼芳對他戀戀不捨，他對誼芳也割捨不下，兩人開誠布公談了好久，哭得鼻青臉腫，從此確認了彼此的感情。他們再也離不開對方。

接下來的任務，就是如何說服雙方長輩了。為了博取岳丈及丈母娘歡心，每到逢年過節，小齊親自挑選禮物再雙手奉上，他說，禮物好難送啊，誼芳她爸不菸不酒，她媽不吃巧克力，兩人在一起七年，該送的都送過了，都變不出新花樣。只要用心，一切就會有所不同，漸漸的，爸爸發覺嬌慣的女兒愈發成熟，又常看到小齊參與倡權抗議上新聞，跟他可聊的話題變多了，感覺又親近了些。如今，誼芳爸媽已完全接納了他，還說：多虧了你，讓我女兒那麼懂事！

「我必須說句公道話，我不怪誼芳父母的不認同，這是傳統文化對障礙者的不瞭解，才導致了歧視，他們很怕我這個重擔，誼芳扛不起來。所以我花了很大力氣，在社會上展現自己的價值，誼芳也努力控制情緒，學做家事。當彼此都有這個決心，父母會看在眼裡。」小齊說。

交往多年，兩人不是沒考慮定下來，就差了點臨門一腳的衝動。直到某單位打算捐贈復康巴士，邀請兩人擔任活動來賓，大夥聊著聊著，冒出「要不要現場求婚」的點子。小齊擔心這麼做會模糊焦點，但繼而想想，既然有人搭建舞臺讓他公開求婚，還有紅包可賺，何樂而不為？

他向來碰到什麼困境，都可以淡然處之，唯有媽媽對他感情的遲疑，讓他很為難。如今決定要結婚了，該如何說服媽媽？他思考了幾天，決定寫信說明他的想法。

「我寫給我媽那封信的架構是這樣的。首先，我要讓她瞭解，我知道婚姻不是兒戲，她有過一段失敗的婚姻，可是再婚以後擁有一段成功的婚姻，我繼父是很有責任感的男人，我跟我媽說，我會把他當成典範，向他學習；第二，我跟我媽闡述肌萎這種病是怎麼回事，經過我深入瞭解，醫學文獻上說，我們這種人的平均餘命是五十五歲，我已經快三十歲了，只剩下二十年，生命中有很多事她不可能陪我完成，但是誼芳可以，這是我想提醒她的；第三，我很明確告訴她，或許誼芳不是她想要的，卻是我想要的，她是要嫁給我，不是要嫁給她。我把信寫完，摺一摺，塞到她房間門縫下面……就這樣！」他沒有任何停頓，一口氣說完這段有如宣言般的話語，聽得我目瞪口呆。

「你媽看了信以後，有什麼反應？」

「她就裝作沒事啊。隔了幾天，她跟我說，好啦，你們兩個快去上婚前輔導。我知道，這就是答應的意思了。」

他們從交往到結婚一向高調，是眾所矚目的焦點，小齊的解釋是：「高調就是我的本性啊，我改不了，也不想改。」他經常語不驚人死不休，自承不跟障礙者談戀愛，因為「做愛太不方便」，還說「肌萎男人要有兩個太太，這樣才照顧得來」、「障礙者跟大家都一樣，愛吃、愛玩、愛美，更愛幹。」雞年過年時，他送給大家的賀詞是「一起淫新春～天天都高潮～雞叫聲連連！」我看了大笑出聲，覺得這段話「非常小齊」，但就是有人不喜歡，覺得他標新立異，喜歡作怪。

外界的評價，他倒是挺想得開，只有一事，讓他耿耿於懷至今。

自從聘用外籍看護之後，他每次想要自慰，會請看護將衛生紙遞給他，離開房間，等他做完了，把衛生紙扔在地上，看護再進來清理。十多年下來，看護不知換了幾個，彼此都相安無事。

待誼芳搬來同住，情況有了變化。他的生活隨時需要協助，包括上下輪椅、移位或翻身，看護與他們同睡一間，有時「性」致來了，他請看護到外面睡，對方亦不以為意。兩年前來了位新看護，情緒起伏很大，媽媽迭有怨言，仲介勸媽媽說，人家才剛來臺灣，水土不服，再觀察看看吧！

某夜他與誼芳一時興起，顧不得看護也在做了起來，事後看護向仲介哭訴，小齊被罵慘了。他承認這麼做有欠考慮，但還是覺得自己很冤枉：

「我想要做，又不是很制式地說星期一、三、五，這幾天她就去客廳睡？我是覺得既然她還在睡，我又沒有吵到她，如果她醒來發現了，可不可以默默走出去就好？事前我沒有溝通好，是我不對，可是我的經驗是有人介意，有人不會。至少，以前別的（看護）就無所謂啊！」

後來看護坦承，媽媽的抱怨害她被仲介責怪，她是為了報復才跑去告狀。外界不清楚事情原委，讓小齊承受撲天蓋地的責難，讓他覺得很委屈。他提到同樣肌萎的朋友在房間打手槍，看護猛然推門進來，見狀竟驚聲尖叫：「你怎麼這麼髒！」那位朋友羞憤到幾乎想自殺。

「今天我想談的是整個照顧系統的問題。我們不是要求看護幫我打手槍，只是請他到外面等一下，這樣可不可以？如果他不喜歡，是不是可以找人代班？或是他也願意幫忙？這件事有沒有討論的空間？你不能說，這件事不能做，也不能談……這不合理嘛！」

不論孰是孰非，小齊他們的經驗反映了普遍存在、卻鮮少被認真討論的事實：障礙者除了需要無障礙空間，是否也需要私密空間？

吳爾芙在《自己的房間》中，點出社會文化重男輕女，使得女人沒有自己房間、沒有社會資源的困境。仔細想想，障礙者不也是如此？人生總有些無法與人言說，只能獨自咀嚼的時刻，為了照顧方便，障礙者的生活必須隨時攤在眾人面前，沒有人注意、或在乎他們也需要獨處，以及需要可以獨處的空間，而獨處的目的，未必是為了性。

「我們不必把調子拉很高，談到『性權』什麼的，我只要談『隱私』這點就好，在我成長的過程中，一直少了這個部分。我想要有自己的空間，自己的隱私，可以寫寫情書，玩玩洋娃娃什麼的，不可以嗎？」

我問小齊什麼時候開始對身體、性別與情慾特別關注？他先是說「我本來就不甘寂寞啊」，而後才說是參加婦運團體的活動，從驚訝、理解到認同，慢慢開啟了性別意識。

「我常說，一個成長良好的障礙者，背後都有個好阿嬤或好媽媽，而不是好阿公或好爸爸，這就是性別嘛！像我們罕病有個『不落跑老爸俱樂部』，好像爸爸沒落跑是什麼值得表揚的事。為什麼我們沒聽過『落跑媽媽』？因為很少嘛，因為社會不允許啊，如果媽媽跑掉的話，古代大概要被浸豬籠、或被丟石頭了。為什麼沒人譴責落跑爸爸，卻譴責落跑媽媽？這不公平嘛！」

生命的探索持續進行。小齊因緣際會參與障礙倡權運動，結識了不少同志朋友，發現他們對性的態度十分坦然，讓他既驚訝又羨慕。尤其目睹同志攝影師與正宮及小三左擁右抱，讓他看著感到驚心動魄，亦不免心想：哇，三個人這麼和平相處，好像也挺好的啊，為什麼異性戀都做不到？

「像成龍、吳育昇、阿基師，做了被人家拍到了，還要在那邊牽著老婆要大家原諒，為什麼要這樣假？像同志他們這樣不是很好嗎？異性戀都要偷偷摸摸的，等被拍到了再來拚命解釋，何必？像我就不覺得九把刀劈腿有那麼壞！」

他對婚姻平權相當積極，卻遭障礙界大老斥責：「管你的障礙議題就好，不要管同志，反正障礙圈也沒有（同志）！」這讓他感到詫異極了。障礙圈那麼多出櫃同志，大家都是朋友，怎麼大老竟然睜眼說瞎話？

「當時我是沒跟他嗆來嗆去啦，也沒有必要，」小齊平靜說道，「因為這些原因，又經歷了一些事，讓我想到說，障礙的情慾這一塊沒什麼人在做。我就想說，是不是來經營這一塊，看有沒有翻轉的可能。」

近年他加入性義工團體「手天使」，四處鼓吹障礙者情慾，言論尺度愈發寬鬆。他曾公開直言：「乙武洋匡有五十個女友，我覺得很勵志啊」、「每個人都問我怎麼生小孩？我說，就插進去啊，要不然咧？」人人笑得東倒西歪，只有他一派認真，有如說的是什麼嚴肅理論。

這幾年再次見到小齊與誼芳，總覺得兩人變得不太一樣，或許是……「長大」了吧。那日到他們家，誼芳在廚房張羅吃的，隨時探頭留意坐在客廳裡的兒子潤潤的狀況，看來有些手忙腳亂，好不容易把潤潤餵飽、也哄睡了，整個人累得癱在沙發上。趁著小齊在講電話，我隨口閒聊說，有了潤潤，你們的生活改變很大喔？她甜甜一笑，沒說什麼，眼裡有著說不出的疲憊。

我問過小齊，潤潤的誕生是在計畫之中，還是意料之外？他說：「本來我不想要，是誼芳很想要，我考慮了蠻久，做了DNA（檢測），確定不會遺傳才決定生的。」然後他主動招認：「生了小孩以後，我們已經很少做了。」那口氣不是抱怨，更像是無奈。

兩人世界突然多了潤潤，生活必定有著驚濤駭浪的變化。對誼芳來說，現在最需要她的是潤潤，不是小齊。小齊心裡明白，仍難掩失落。

「我們結婚以後，大家都說我們是真愛，是典範，誼芳在障礙界的地位被拱在那裡，好像指標人物，我覺得很有壓力。」他提到有回在臉書上抱怨想吃好一點，誼芳不准，底下立刻出現一串「她賺錢很辛苦，你都不體諒」的貼文，讓他大感錯愕。

「我明明是在開玩笑，他們還那麼認真回！誼芳的辛苦，我怎麼會不知道？我大部分時間投入社會運動，錢賺得很少，這點誼芳很體諒，我很感激她。可是那些留言是什麼意思？……反正千錯萬錯都是我的錯，都是男人被攻擊就對了！」

「誼芳的反應呢？你有沒有好好跟她談過？」

「唉，我也不知道要怎麼談。」

我知道愛情在小齊生命中的分量。他說：「愛情一直是我的信仰價值，我投身倡議工作，也是因為把愛情放在第一位。沒有愛情，有了無障礙環境又如何？沒有愛情，完整的長照制度又如何？」他們的關係，他們的未來會變成怎麼樣？讓我有些擔憂。

那陣子聽說他過得不太開心，我私訊問他：「你跟誼芳還好嗎？」他很快回我：「不好。」我建議找雙方信任的朋友或長輩聊聊，他說，已經有人在安排了，然後問我：「你要寫嗎？這滿不好的狀況……」我鄭重告訴他，如果是隱私，我不能、也不會寫出來，放心吧。

隔沒幾天，他寫了篇公開網誌，坦承心裡的苦悶：

我這樣的極重度障礙者，在感情上放閃且穩定，七年後步入婚姻，雖然經濟不是特別豐裕，但我們兩人很有共識的，一同為生活及彼此付出。最近孩子的加入，更令所有親朋好友，給我們一家人相當大的祝福。同時我似乎成了「人生勝利組」的典範，我也相信很少家庭能有我們這樣幸福的能量。

這一切的經歷，有些是在我的期待下實踐，有些規畫是我沒想到的。例如孩子的出生，卻影響了我們的伴侶關係。無論是否依照我們的計畫中進行，無論成功與失敗，我們一直是享受這樣的生活，面對與承擔是一件很讓人感到滿足的事，當然我們知道過程會有些壓力與挫折。但是彼此相愛的人，能一同扶持及解決，不也是種幸福的成就嗎？

一直以來，我與另一半之間，我盡力地不把障礙的弱展現出來，許多時候也是我在照顧對方。我盡我全力的在呵護一位公主。另一半也對我盡心盡力，她用許多的力氣在背後支持我們的經濟，讓我可以比較無罣礙地去從事社會倡議。我們享受彼此在身邊的一切，我們有共同的朋友，盡心工作後，牽著手去吃些小吃美食，安慰自己一整天的辛勞。等待紅綠燈的時間，我會忍不住伸手，摸一下她那迷人的尻，我們會忍不住在這時刻擁吻，吻到錯過無數個綠燈的到來……激情成了我們維護感情很好的養分，在慾望高漲時，我們可以想幹就幹。在輪椅上、在床上、在許多的地方，或許都有著我們所遺留下的愛。

但是，這一切的一切，從孩子出生後，就漸漸地變質。母體因生產後的體質改變，原本的慾女成了石女；原本我迷戀的雙峰，不再是我專屬，原本的原本，不再是那個我所能預料的事，同時我必須面對強化經濟的能力，這我應該面對，也有實力面對。她必須獨自照料孩子的一切，每天單一性質的照顧，不免也產生出許多的壓力。原本我們與家庭的關係，單純在於建築物的安全與遮蔽，我們不用直接面對與父母直接的關係。但是襁褓中的孩子，這個家不只是一個建築，更是讓他成長的基地。這也迫使我們必須面對，原本就價值觀不同的人們。

這個家，每個人都關愛這孩子，但每個人都覺得我的方法最好。這個家，每個人都覺得我付出最多，其他人都付出不夠，所以少付出的應該要體諒及聽話於付出之人。我們有如非洲荒野的動物，在有限的空間彼此搶奪地盤，我們的地盤也有所重疊，但彼此都不願互讓。說出自我的想法，成了沒禮貌與不尊重長輩的罪名。我被推派出來戰鬥，但是我卻沒有任何的補給。我無力、沒心也不知要為何而戰？為誰而鬥？

無奈的是，許多的壓力與疲勞，我們開始出現言語上的惡意攻擊，同時我的身體也加速退化及惡化。這樣的惡化我不知與誰說，這不是醫學所能解決、這不是任何人所能插手，這麼多的種種我不知找何人訴說，我試著停下腳步，但場景有如橫向的捲軸遊戲，愈捲愈快，快到令我喘不過氣、能量耗盡。

……雖然我重傷了，但我正在復原中。我們的許多狀態，大家或許看得很光鮮亮麗，這許多的一切，我卻要耗盡一切到處爭戰。回想這個過程……我還活著還真的要感謝許多伸出援手的好朋友們……。

這文章寫得真好看，但在好看的背後，卻是直指真心的憂傷。

小齊知道他的病最後會惡化至全身癱瘓，無法說話，早早就跟誼芳說：「如果你有喜歡的人，不必守活寡，我可以瞭解。」誼芳告訴他：「如果真有這一天，我會把對方帶給你鑑定一下，我會比較放心，因為你是全世界最瞭解我的人！」

婚姻裡沒有絕對的是非對錯，只是在現實中看見、並理解彼此的差異，接受不如己意的局限。但愛本就該如此，它豐富了彼此的人生，讓世界開展，不論有任何困難，只要在一起，任何問題總有辦法解決。

相信小齊與誼芳也是。

甜蜜與苦澀

我老媽很久以前在印尼工作，負責面試外配新娘。我常聽我媽說面談遇到過的情況，最有印象的一次，是某位國人去印尼娶新娘，當場在面談時癲癇發作，嚇壞所有人。最後我媽問那位印尼新娘是不是還是要嫁，她還是說要……。[3]

3〈買來的外配新娘〉，Jadelyn，二〇一七年四月十四日，http://blog.udn.com/skeptical/100583829。

這樣的故事，我們聽過不少，亦眼見許多。這種透過仲介牽線的婚姻，雙方的考量都很實際：男方是為傳宗接代與照護方便，女方則是為改善環境與期待脫貧。愛情對他們而言是非分的想像，他們只想好好過日子。

根據內政部統計，選擇跨國婚姻的男性有九．四六％是障礙者，而全臺男性障礙者只占總男性人口的五．二九％[4]，可見男性障礙者娶外配（而且是來自東南亞各國）的比例頗高。有肢障男子回憶去越南相親的經驗說：

一位才剛認識不久的越南姑娘，是否會對筆者的外表模樣感到恐懼？為了能馬上明白這位越南姑娘的感受，回到下榻的旅店房間內，想直接了當地在這位陌生越南姑娘面前，卸下藏在褲管裡頭、鮮為人知的義肢，但這是需要鼓足相當大的勇氣……先脫掉長褲，僅著一條四角內褲，再把義肢脫下。這時筆者心情早就如同遇見初戀情人一樣，滿臉發燙，找不到地洞可鑽，羞到不行了，筆者心裡暗想著說：「現在妳（指當時尚未嫁給我的太太）要是拒絕，那我不就毀了，虧大了，連褲子都脫下來讓你看光了。敢不接受，一定向妳要遮羞費！」還好當時她沒嚇著逃出去。

我透過翻譯告訴她，「你會害怕我這個樣子嗎？」只見她先是用手摸著我的殘肢，然後雙手捧著我的殘肢說：「不會害怕！因為它，你才會來越南，而我才能認識你，所以我愛它！」

透過翻譯，這句話一下子把筆者因社會媒體報導將越南女性建構成「愛錢」、「虛榮」、「逃家」的負面印象一掃而空，只留下對她心地善良、溫柔體貼的好印象……而她的這句話似乎也透露出她的認知：來越南與當地女性結婚的臺灣男性，多數條件並不是很好，應該是在臺灣找不到可以結婚的對象，才會到越南。[5]

面對生活迥異、溝通不易的異國婚姻，雙方都可能會感到無助，但我想外配的壓抑與痛苦，恐怕要來得更多，如果可以選擇的話，沒有人希望命中注定的是不被看好的婚姻。背向家園的她們在之後的歲月裡，只能默默將對真愛的渴望在心中愈埋愈深，深到幾乎自己都忘了。但不知什麼時候，處於混沌狀態的慾望突然浮現，家庭可能成了相互的囚鎖。

4 內政部二〇〇七年統計。

5 《不幸福的殘障跨國婚姻？》，伍建昌，中山大學社科院高階公共政策碩士論文，二〇一〇年六月。

以前看老友蔡崇隆的紀錄片《我的強娜威》，強娜威一反外界對外配「柔弱」、「可憐」的刻板印象，確實令我大為震撼。她與腦痲丈夫黃乃輝常為了錢吵翻天，而驃悍的強娜威氣勢更勝一籌，每拋出一句話，就像是包裹刺人的玻璃渣，隨時準備將這段婚姻撕成兩半。

片中有一段強娜威側躺在床上，手指頭無意識地畫著床單，幽幽對丈夫說：「我覺得我們沒有未來，我覺得我們沒有幸福……」不滿二十歲就飄洋過海，嫁給連說話都說不清楚、走路搖搖擺擺的男人，或許她不清楚幸福的定義，但她說：「至少不是這個樣子的……我知道！」

是啊，幸福不該由社會眼光判決，而是每個人心中的那把尺。在強娜威的心中，幸福彷彿是黑暗隧道盡頭的一道光，但她永遠到不了那個終點。

頂著「十大傑出青年」光環的黃乃輝自承戀愛多次，也失戀多次，他猜是對方在性方面沒有得到滿足才主動求去。[6]至於與強娜威的婚姻，他說：

有長輩勸我娶外籍新娘，我跟人家去柬埔寨湊熱鬧，只看了兩個女孩，第一個不要我，第二個我只跟她見面四分鐘，我問她敢不敢嫁給我，她說：「我家這麼窮，你都不會看不起我，我為什麼不敢嫁給你？」我就娶了她。

……殘障對我來講不悲哀，結婚才真不堪回首，最初半年我很後悔結婚，兩人語言不通，互相不瞭解又沒感情，什麼都能吵，我煮菜給她吃，她都不吃，只拿柬埔寨帶來的辣椒加鹽巴拌飯。我熬了半年，每天都繃得很緊，等她會講中文後感情才變好。

但我娶外籍新娘是好的，因為腦性麻痺者容易神經緊張，做愛一興奮就出來了，無法玩很久，而且做一次愛要躺一天才能恢復，非常疲勞，臺灣女孩不可能接受。我老婆跟我說：「人家罵我騙你錢，我幹嘛騙？要害死你很簡單，一天跟你要三次，保證你就掛了。」

有個越南新娘問我會不會擔心我老婆跑掉？其實我不擔心她跑掉，我擔心我死掉，因為腦性麻痺不可能活很久。我殘障能娶到好老婆，她這麼窮的小孩能住豪宅，我們都很滿足了。[7]

6〈身障難滿足老婆　更怕自己早走〉，李宥樓記錄整理，《蘋果日報》，二〇〇八年一月二十四日。

7 同注6。

問題是，強娜威真的感到滿足嗎？[8]

愛，是人與人之間最迷離的一道難題。有的愛，是通往幸福的道路，有的愛，卻是捆綁肉身的枷鎖。夢萍（化名）曾經以為，愛能跨越一切的鴻溝，即使身陷最險惡的環境，也可以戰勝任何障礙。但是她錯了，而且錯得離譜。提起那段沒人看好的愛情，她有著不堪回首的感慨。

她在三十歲那年認識了T。那日幾個朋友約了吃飯、喝咖啡、聊天，其中包括了T。不知道是怎麼開始的，或許是在一堆人吵吵嚷嚷的歡樂氣氛中，T略顯沉默的氣質深深吸引了她，她不再與聒噪的朋友一塊行動，邀他出來單獨見面。

剛開始，他們都是約在外面吃飯，後來夢萍偶爾邀他到家裡坐坐，若是聊到太晚，她告訴T可以留下來過夜，但他從來沒有這麼做。某夜T主動跑來找她，整張臉紅通通的，應該是喝了點酒，兩人聊到大半夜，夢萍說，你累了的話，可以睡在沙發上。原來T是睡在沙發上，到了半夜，就睡到她床上了。

活潑外向的夢萍選擇害羞內斂、帶點青澀的T，親朋好友均大為意外。夢萍說，她是T第一個親密交往的對象，他擔心夢萍對殘缺的他不是愛，而是施捨，說著竟嚶嚶啜泣起來。這讓她心頭充滿了感動與溫柔，「從那一刻起，我覺得我好像對他有責任！」

關於男女之事，T所知甚少，全靠夢萍悉心引領。他除了肢障，還有輕微弱視，不太能分辨她的反應。夢萍總是拉著他的手，貼上自己身體，就像辨識點字，用他的指尖一個字一個字地辨識，雖說費時費事，倒也樂趣無窮。

不過橫在兩人之間的隔閡，除了T的身體，還有外在的障礙，光是約會場所就讓他們傷透了腦筋。想挑氣氛優雅的地點過節，光是餐廳前面短短幾個臺階，就足以讓T怯步。有的餐廳沒有臺階，或是可搭電梯直抵門口，但餐廳內部沒有無障礙廁所，一頓浪漫的晚餐，往往因T必須如廁而被迫提前結束。這樣的情況一而再、再而三地發生，每次出遊都像在考驗兩人的智慧與應變能力。

路人不懷好意的眼光，親友不諒解的態度，也常讓他們心灰意冷。這是她愛的男

8 強娜威在由他人代筆的《嫁來天堂的新娘》一書說：「嫁到臺灣以後，一開始語言不通，生活不習慣，與乃輝又常爭吵，我不知道天堂在哪裡，但地獄是什麼，我好像已經知道了。如今，我的中文進步了很多，生活也漸漸融入，雖然與乃輝偶爾還會吵一吵，但我還是很感謝乃輝。」見《嫁來天堂的新娘》，強娜威著，文經社，二〇〇八。

人，他也愛她，但他們的交往是不被祝福的。有時夢萍不免心想，他們到底是哪裡錯了，彷彿全世界都與他們作對？她好想開口咒罵那些一路唱衰的人，叫他們通通去死好了。

T對她的迷戀與依賴，她是知道的，但這樣的愛裡有著強烈的獨占性，只容許兩人世界的存在，其他人最好消失。公司舉辦員工旅遊，T不准她去，甚至威脅說：「如果你去的話，回來就見不到我了。」她知道T的恐懼，總是勉力配合，至少，這代表他是愛她的。

她奉命到外縣市出差，試著跟T講道理，不管她怎麼說，T仍堅持公司那麼多人，為什麼非她不可？她決定要堅持一點，對兩人關係做一次突破，忍不住說了重話：「大家都是大人了，你可不可不要這麼幼稚？」T氣得砸筷子砸碗說，你以為我不知道，你想趁機跟公司的某某某雙宿雙飛嗎？她怕T做出傻事，拜託同事代她跑了一趟，才平息了一場風暴。然後她兀自苦笑著說：「大概是我天生同情弱者，或是我自己也搞不清楚的愛……很傻吧？」

那真是糟透的一年，而且還有更糟的在前頭等著她。

她去過T家好多次，覺得T媽媽對她不錯，見了面總是客客氣氣的。一次她與T

發生口角，T脫口而出：「你根本就不愛我，我媽也這麼說！」她質問T是什麼意思，T才吞吞吐吐地表示：「我媽說，我不是你第一個男友，肯定也不會是最後一個！」她覺得T已經不是小孩子了，怎麼連這種事也向媽媽「報告」？T說得理直氣壯：「媽媽知道兒子的事，不是很正常嗎？」

後來T媽媽私下來電告訴她，T需要的是乖巧順從的女孩，不是她這種「見過世面」、「事業心強」的女人，末了加了句：「你是不可能帶給他幸福的！」她壓抑住衝動，沒有反問說：那你呢？一天到晚插手兒子的感情，就可以帶給他幸福嗎？但那種被羞辱的感覺，至今仍緊緊跟隨著她。

掛了電話，她仔仔細細想了一回，發現兩人之間的問題不只是T媽媽的霸道，還有T對媽媽的依賴。原來，她以為自己的堅持，是為了不辜負T的愛，但還是逃不過「媽寶」的魔咒。她一直試圖改變對方，結果只是徒勞，而且這樣的努力，讓她對T的感覺淡了，更對這段感情充滿了疲倦。

她知道，感情已走到了盡頭。她狠下心刪去T的電話，換了臉書與LINE帳號，躲到朋友家住了一個多月，T才不再苦苦糾纏。

如今回想起來，她認為T的媽媽太過保護兒子，不論他是一歲、十歲、三十歲，

T的事就是她的事，T的問題就是她的問題。她用心為T創造最好的生活條件，鋪好所有通往未來的道路，讓夢萍無法理解，更難以接受：「我明白他媽媽的擔心，可是她直接介入我們的感情，這樣對嗎？他兒子是肢障，又不是智障！」

記得小齊說過，他一直被家人照顧得很好，或許是太好了，讓他什麼都不會，也不需要會，覺得自己像個廢人。但粗線條的誼芳卻不同，她不特別呵護小齊，事事照料小齊，這讓他感到輕鬆。

父母對障礙子女的依附，有時是長期而不自覺的。他們一心一意地付出，陪伴孩子一路跌跌撞撞走過來，就是怕他們受到傷害。然而支持與壓力，有時只是一線之隔，每個人都需要愛，也必定會有在愛裡受傷的經驗，為什麼障礙者卻不能？這，就是為人父母的心情吧。

所有出於愛的行為，未必都是好的。夢萍與T的愛情擁有八點檔連續劇必備的一切元素，原來她也一直抱持著模糊的幻想，以為這段關係會像所有連續劇一樣，有個圓滿收場的結局，可是這天遲遲沒有來。

逝去的青春，過去的光耀，再也回不來了。對夢萍而言，最好的時光已經不再。

五、她們的故事

沒有槍聲的戰爭

心美（化名）很喜歡笑，可惜後天失明讓她看不到自己笑起來有多美。我說，你的笑不知道迷死多少人呀！她展露淺淺的笑意，沒說什麼。我問她，應該有人喜歡你吧？她臉上泛起紅暈，羞澀地說，有一個，不過，不可能啦。

「為什麼不可能？」

「他是明眼人。」

「那不是剛好嗎？他可以做你的眼睛啊？」

「就算他肯，家裡也會反對。」她執拗地搖搖頭。

「你又沒問他，你怎麼知道？」

「你不懂啦……」她的笑容慢慢消失了：「像我這樣，不可能啦。」

心美說，從小到大鮮少有人把她視為「女人」，就算是相熟的男性朋友，也總把她當成是「哥兒們」，而不是追求的對象。她深信愛情與她無緣，事實似乎也確實如此。

後來看畢飛宇的《推拿》，只要視障按摩師都紅一出現，總讓我想起心美。都紅的美，人人都看得到，唯有她自己見不著。客人不捨地說：「唉呀，怎麼會這樣呢？」雖是同情，聽來卻刺耳極了。都紅總是不卑不亢、不帶太多情緒地回答：「為什麼不呢？」都紅看不見，很多事反而「看」得更明白。她的外貌讓客人驚豔，她不怎麼得意，同事愛上了她，她也不特別欣喜，並不是她生性樂觀，而是她知道愛情是怎麼回事。「前面走過一個人，你撞上去了，是愛情；對面開過來一輛車，你撞上去了，是車禍。但不曉得為什麼，車和車總是撞，人和人總是讓。」至於都紅選擇的，從來不是爭，而是讓；在「讓」的背後，是逃避，逃避對愛的渴望。那是一種失落，一種缺乏做為一個人、一個女人該有的經驗。

彩玲（化名）十四歲因病造成視網膜病變，從此視力每況愈下。媽媽說，身體變成這樣，大概是沒辦法嫁了，造成她從小敏感而早熟，自卑而退縮。若有男性示好，她從不領情，碰到難纏一點的還會使出殺手鐧：「我以後會完全失明，這樣的女人，你敢要嗎？」果然，眾男子退避三舍，再也沒來煩她。

每次只要有男人表示好感，彩玲只想把他們推遠，因為太危險了，她不能身陷其中。但是當真愛來了，什麼也擋不住，二十四歲那年，男同事的熱烈追求，終於讓她招架不住了。她老實告知自己的狀況，他卻說，他不在意，真的不在意。她不知哪兒冒出來的勇氣，瞞著家人嘗到了愛情的滋味，幻想有一天能披上白紗，與心愛的他走上紅毯另一端。

那是她人生中最輝煌燦爛的時光。

後來她的視力全沒了，身體也日漸虛弱，經常倒臥在床，起不了身。正值花樣年華，身體卻像個破布娃娃似地殘破不堪，這樣的女人，能帶給他幸福嗎？她主動提議給彼此更多空間，如果六年之後他心意不變，她願意再度接受他。他知道，一旦彩玲決定的事，就再也無法回頭了，卻沒想通建議背後隱而未顯的含意：她愛他，希望他等她。

過了四年，男友結婚了，新娘不是她。她想起自己提出的六年之約，也想起自己的固執與愚蠢，但一切都太遲了。她將戀愛時為了當好太太、好媽媽準備的食譜、禮儀須知、親子教育資料，連同她的心與愛，一併剪個粉碎。

「我已經決定回鄉下老家了，」她幽幽地說：「在那裡，像我這種看不見的女人要結婚，根本不可能。」

那一刻不知為何，我聽到這裡鼻子一酸，知道她不如自己說的那麼灑脫。彩玲大概是隱約感受到我的情緒波動，平靜說道：「不必替我難過。至少，我嘗過什麼是愛情的滋味。」

經歷的挫折多了，她們不得不懷疑自己不值得被愛；她們的自信永遠有個缺口，無法真正接受真正的自我，也不相信自己有愛人的能力。她們學會了沉默，學會了不再期待，就怕期待愈高，失落愈大。承認自己渴望愛，有如一場充滿恐懼的告白。

近年來有民間團體相繼開設生命書寫課程[1]，鼓勵障礙女性探索自己的性／別經驗，漸漸的，開始有女性不畏道德之名的攻擊，勇敢說出自己的渴求與想像：

> 青春期時我和一般女同學一樣，對愛有好奇、有美麗的幻想，當然也會有性幻想，可是父母從不在我面前提及這種敏感問題，或許師長、父母們也不知該如何

教我吧？所以大家都把我當成「無性的身障小女孩」在豢養著，只要我能活著沒有生命的危險就好了，兄弟姊妹及同學們也沒人關心我的青春期，好像我不會有任何性愛方面的需求似的，我也就這樣活了三十七年了，男人似乎也把我當成是保護及協助的一位弱勢朋友而已，不是愛情，而是同情……

為何我不能去結婚生子呢？我的內心裡充滿問號及不滿，網路聊天室交友還不能夠滿足我，我便開始去算命，拜月老廟……等等，反正一般女人會做的事我統統做，也會去買化妝品及香水來使用，去打耳洞、穿裙子、留長髮……等等，我不是沒有努力過，但月老的籤詩及算命師都告訴我五十歲過後再說，或多陪父母幾年吧！就這樣，經過自己多方努力後，仍不如己意，漸漸的，我放棄了追逐婚姻這件事……

身為一位障礙女性真的很壓抑，壓抑到不能說不能做，只一生單身，維持著處女之身到進棺材那一天居多，若想做愛的障礙女性，只能偷偷在檯面下做，結不了婚，所以同居或搞一夜情的身障女性不在少數，若能和另一半談婚姻的人算是

1 包括身障聯盟的「擁抱真實的自己　身心障礙女性生命書寫課程」，以及手天使的「女性身障者生命書寫班：身體，情感與親密關係」，鼓勵障礙女性用書寫挖掘並瞭解自己。

幸運兒，若能和一般男性結婚的身障女性更是少之又少，是超級幸福的女人。身障女性的性自主權，真是無解又難解的習題，我也不知自己該如何做最好，只能繼續追帥哥拍拍照、尋求自己當下開心就好。[2]

愛情對她們來說太過遙遠，而性愛，更是過度的非分之想。這不純粹只是她們的想像，而是社會集體的烙印，

根據內政部二〇一一年「身心障礙者生活狀況及各項需求評估調查報告」，障礙者需要定期就醫的有六八・七七%，其中障礙女性遠高於障礙男性；另外，女性障礙者有六四・五六%無法獨力就醫，遠高於男性的五一・八二%。[3]以攸關女性健康的子宮頸抹片檢查來說，我問過近十位不同障別的女性，她們都沒做過，理由是「太麻煩了」。視障及聽障者的說法是「跟醫護人員溝通很困難」，例如醫護人員常把她們當智障，以為她們什麼都聽不懂，或是見到她們便露出驚恐的表情，不知該如何應對，若能不去醫院，她們絕對不去；至於肢障女性的答案更出乎我意料，她們是無法上診療臺，所以沒有做過。

「醫生、護士一起擡，都沒辦法嗎？」我還搞不清狀況，繼續白目問道。

「喂，這位小姐，」有人當場吐槽：「下半身什麼都沒穿，光著屁股，讓人家在那邊擡來擡去的，如果是你的話，你願意喔？」幾個姊妹點頭如搗蒜，七嘴八舌地告訴我，醫生總是假設她們沒有性行為，未來也不可能有，從不要求她們做婦科檢查。

醫生只看到她們的「障礙」，卻忽略她們擁有女性應有的特質與需求。為了訂作輔具或醫療需要，她們被迫褪下衣褲，赤身露體展現在外人面前，這時的她們不是「女人」，而是沒有性別的「身體」，那種又羞又辱的感覺一生緊緊跟隨著她們，不曾消失。

為了理解這樣的心情，我密集地向障礙女性發出採訪邀約，認識的與不認識的都有，全被拒絕了。肉身的缺憾與匱乏，導致深不可測、亦無法碰觸的孤獨，如此幽微而不可捉摸的感受，即使我自忖動機良善，這對她們來說仍是難以陳述，更無法探問的隱私吧。

但惠琪（化名）不同，她幾乎是立刻就答應了，還說，這個問題很重要啊，早該好好談了。來自荷爾蒙的啟動，她開發不遲，又有經驗，確實是極佳人選。她告訴我，

---

2 〈情慾的美麗與掙扎〉，何秀君，身心障礙者服務資訊網，二〇一四年十二月二十九日，http://disable.yam.org.tw/archives/3060。

3 見衛福部統計處：https://dep.mohw.gov.tw/DOS/lp-1770-113.html。

有人覺得她太愛講，應該低調一點，她扮了個鬼臉：「所以啊，你要幫我取藝名喔，用真名也太誇張了。不過，如果你是在國外發表的話，就無所謂啦！」

她個性大剌剌的，說起話來中氣十足，笑的時候也不掩口，非常自在，與她聊天永遠驚喜不斷，笑聲連連。她說自己「天生好笑」、「神經大條」、「向來囂張」、「個性超積極」，就連描述當年得病的經過，也說得趣味盎然：

「我週歲就得了（小兒痲痺症）。很奇怪喔，只要遇到打疫苗那天，我就發燒，所以就沒打，很有趣吧？」她粗聲粗氣地說：「這～就～是～命～啊！」然後很快接著說：「不過這樣也有好處啦，因為一歲就得了，對走路沒什麼印象，就沒什麼失落感，對不對？」說罷放聲大笑，很豪邁的那種笑法。

她是人人眼中的開心果，朋友聚在一塊時經常互開玩笑，鬧到無法無天。在捷運車廂裡，同行的直立人朋友哀聲嘆氣說，唉，你都有位子，就我沒有，也不站起來讓坐一下！大夥人全笑翻了。搭乘電梯時，幾個輪椅族瞎說半夜會爬起來走路，平常是刻意把身體綁在輪椅上，才沒辦法四處趴趴走，否則會被取消殘障津貼。直立人朋友立刻追問：蛤？你們半夜會走路？真的假的？惠琪故意板起臉，一本正經地說：「真的啊，要不然怎麼洗得到屁股？」所有人東倒西歪樂不可遏，同電梯的陌生人想笑又不敢笑，憋死了。

她樂觀的天性，多少是來自爸爸，更多是來自備受疼愛的童年。爸爸很愛小孩，老抱著她到處玩，碰到別人多問兩句：你女兒腳怎麼啦？還會認真解釋說，就小兒痲痺啊，一歲就得了，絲毫不以為意。

有段時間爸媽工作忙，她被寄放在鄉下外婆家，四個阿姨、兩個舅舅把她當公主寵愛，對外撂下狠話：「誰敢欺負惠琪，我們就揍他！」她聰明伶俐，鄰居孩子都喜歡跟她玩，甚至為她更改躲避球遊戲規則——只要球打到她，就輸了。每到放學時分，幾個小姊姊搶著揹她回家，她竟威脅說，如果你們不聽話，就不讓你們揹我！

「厚，我以前真是一整個囂張到不行！」惠琪笑著承認，「後來我認識很多障礙的朋友，說他們從小不敢出門，被家人藏起來什麼的，我覺得好誇張喔，怎麼會這樣？」

她一連說了好些生命中的經歷，有的歡樂，有的哀傷，就是有辦法「化哀傷為歡樂」，再怎麼沉重的情節，經過她的妙語如珠，都變得輕盈起來。包括她口中「超好笑」、「帥到爆」的「落跑老爸」。

「我爸以前會帶我去酒家，他在那裡很受歡迎，酒家小姐都搶著抱我，好取得皇上的恩寵，一定要對公主好啊，對不對？不過，他大概是全世界最喜歡娶老婆的人了，我看，已經娶了八百個吧！至於是不是真心喔？我看男人思考的不是這個，而是逼到不得已了，只好去辦個手續，頂多請請客吧。我看到的最後一任，年紀跟我差不多，他們結婚，我是沒去啦。欸，結了那麼多次，還好意思發帖子嗎？」

她以「女王」的姿態行走江湖，像是有著即使地裂天崩，也要做自己的性子，衝動而爽快。我單刀直入問她交過幾個男友，她刻意瞇起眼睛，歪著頭問我：

「你是說公開承認的嗎？」

「隨便啊，你說幾個就幾個。」

「那……就三個好了。」說罷一陣狂笑。

她只有國中學歷，不是成績不好，而是考上的學校離家太遠，坐輪椅沒法子搭公車上學。十八歲那年，她到職訓單位學打版做衣服（說到這裡，她哼著不成曲的調子，唱起「十八歲為著生活就出來走從……」），學了一、兩年，被介紹到工廠做加工，她心想，難道未來的人生就是每天車一條直線？那多無聊啊，做了兩個月就跑了，從此東晃西晃，沒個正經。

打版做衣服的事，她差不多都忘光了，唯一殘存的記憶，是同在那裡學做皮鞋、同樣罹患小兒痲痺的初戀男友。她說，遇到他，運氣算不錯啦，他很會帶她，否則兩個都不知道怎麼辦，第一次就草草結束，不是很無聊嗎？她壓低聲音，故作神祕地說：

「而且我們第一次，是在草叢裡喔！」

草叢！在草叢裡要怎麼做？

「欸，這位姊姊，你真是外行耶！他只要把我輪椅往後一壓，整個輪椅往後倒，不就好了嗎？不過刺得我背後一直刺刺癢癢的就是了。」

「第一次在那裡？好不浪漫喔！」

「不會啊，我覺得超開心的。不過，我不是一般人啦，不是每個殘障都像我這樣，不要誤會喔！」

她無法認同婚姻，只要感情發展到某個程度，對方想婚了，就拚命掙脫，像是畏懼被捆綁套牢。她與初戀男友交往了三年，對方一求婚，她便打退堂鼓。

「你知道嫁給他要去哪裡？○○（南部某縣市）耶！誰要去那種鳥不生蛋的地方啊？我臺北待的好好的，為什麼要去？我說，欸，那你要怎麼養我？他說，結婚就是兩個人一起奮鬥啊。我說，屁啦，我媽把我養那麼大，就是讓我跟你一起奮鬥喔？他說，你不愛我。我說，嗯，應該是。」

「你真的好壞！」我忍不住說她。

「對啊，年輕時壞事做太多了，後來都交不到男朋友。如果那時候結婚，小孩應該都十八歲了，搞不好也很好命……」她連珠炮似地說了一堆，最後下了如此結論：「不過，我現在過得滿快樂啦！」

「你不想嫁他，真的只是不想去南部嗎？」

「好啦，那時候我們……嗯，嗯，嗯……就，沒有新花樣可玩了。這個男生有點無趣，我也不是說不出口，那時候年紀輕，不知道該怎麼說，就覺得跟他做愛很無聊，都沒有火花……兩個人的『性』趣是否合適，真的很重要！」她不忘特別加重「性」字的語氣。

「他知道，這是你們分手的原因嗎？」

「欸……應該不知道。」

「這樣他不是很無辜嗎？如果你跟他說了，或許還有改進空間啊！」

「是喔？莫非就是這樣造成他的心理創傷，讓他到現在都還沒結婚？好好好，我回去會好好反省一下。」

「你有沒有想過，搞不好他也覺得跟你沒火花，很無聊？」我故意逗她。

「嘿嘿，有可能喔。不過，這也不可考了啦！」

第二任男友同樣是肢障，支架的背架打到胸部，算是嚴重的肢障。她倒是不怎麼在意，只是對兩人辦事前的「預備動作」有點怨言：「你知道要跟他上床有多麻煩嗎？光等他把所有支架都拆光，要很久耶！」看我笑到幾乎快昏倒，她繼續加碼：「不過啊，他超會……欸，搞東搞西的，超厲害、超有誠意的。你知道他最喜歡我什麼嗎？就摸起來很舒服。真的啊，胖胖的女生就摸起來很舒服，不像他瘦得跟鬼一樣。不過，那時候我皮膚很細啦。二十多歲，誰的皮膚不細？」

這次，三年的「賞味期限」一到，她又覺得「沒意思」，從此不接電話，沒有交代，根據她的說法是「一整個給人家始亂終棄」。雖然結果並不圓滿，但她並不後悔。後來她自稱「年紀大了，身價不如以往，賣相比較差，一定要主動出擊」，積極追求「直立的小鮮肉」，她告訴對方，今天我家沒人在，你要不要來吃飯？我自己做菜喔，「結果這位弟弟想太多了，覺得跟我做了以後，就一定要娶我……。」

「等一下等一下，你不會第一次把他帶回家就上床了吧？」我打斷她的話。

「當然啊，要不然要幹嘛？這位駑鈍的姊姊，要聊天或看電影，平常日子就可以做了，約來家裡只有一個目的好不好？要打掃家裡很麻煩耶！」

過了兩、三年，「熱噗噗」的感覺沒了，她連 bye bye 都沒說，兩人自然而然就淡了，散了。那時候是怎麼了？那麼決絕？完全沒想到挽回嗎？她說，沒有耶，男女之間，不就這麼回事嗎？

除了三位「法定男友」，她當然與其他人交往過，總是走走就沒了。她不認為這些人是「男友」，只是一段又一段「關係」，從不保留與對方的合照。直到人近中年驀然回首才發現，人生中幾段感情都不怎麼積極，結束時也沒有太多痛苦，好像一場戲演到最後，終究得謝幕，離開了舞臺，反而有解脫的快感。人生追求的就是歡樂，她努力追求歡樂，似乎也沒什麼不好。

「我從小到現在一直都很歡樂啊，人家講什麼『憂鬱的青春期』，我都沒有。真的耶，我很會把事情想成『啊現在事情就這樣了，不然要怎樣』？我真的超正面思考的。不過有人覺得我這種個性很……怎麼說，就，很不會為未來著想吧！」

年輕一點的時候，她過得恣意而任性，賺的錢全拿去旅行，一毛都不存。親朋好友替她捏把冷汗，擔心她既不規劃未來，又不打算結婚，將來無兒無女又沒老伴，一個人的老後，該怎麼辦？她總是沒好氣地說：「老了就有老的辦法啊！萬一老伴早死，兒女不孝，還不是一樣？」

沒有誰說交往就一定要天長地久，沒有誰說交往就一定要結婚，她只是覺得，愛的誓言悖離事實太遠，她已看清什麼是真相。

「你想想看嘛，兩個人原來感情好到那種程度，後來又可以不好到那種程度，結婚這件事到底是怎麼回事？搞一個隆重儀式宣告，從此過著快樂的日子，然後又要辦手續離婚？像以前我爸我媽，厚，吵得可兇了，倒不是為了小三啦，我媽跟小三都很要好，感情這種事，她看得很淡，反正老公就隨便用，洗乾淨了回來就好。可是錢這種事，就沒辦法了，以前我媽還會勸小三說，你不要再給他錢了啦，反正他又會拿去賭掉！」

她知道自己不婚與原生家庭有關，卻鮮少主動提起，就怕惹得親愛的老媽傷心。

「老人家就是愛面子咩，她常說，我們單親家庭的小孩都很健康，我覺得講這個也是無聊啦。很多人努力把小時候的創傷挖出來，但日子還是要過下去，還是得自己想辦法……好啦，你小時候很可憐，媽媽對不起你，然後咧？你現在要去跟她討回來嗎？那要幹嘛？都已經長這麼大了，還不能自己好好過日子嗎？」

她對於性、愛及婚姻分得很清楚，自稱「不知道一往情深是什麼東西」，「對感情十分理智」，卻嚮往三毛與荷西的愛情，直說兩人生死相許，心意相通，這種心靈伴侶才是她想要的。

噢，三毛那麼多常人不能及的經歷，簡直是浪漫過了頭，這樣也叫「對感情十分理智」？

「這樣喔？……」惠琪低頭思索了一會：「好啦，可能是我害怕承諾！」

感情可以是一種療癒，也是個人成長的修煉場，惠琪卻一再選擇逃避。朋友形容她像在路上看到不錯的人就拎走，等拎到某個地方，對方不想走了也無所謂，各自兀自繼續向前。她連連讚嘆說，這個形容真貼切啊！

「我可以跟朋友好個十年、二十年，就是沒辦法交一個男友十年、二十年，是不是很奇怪？我對感情沒有什麼信任，我沒有在相信愛情這件事，高興就在一起，不高興就分手，幹嘛在那邊拖著恐怖情人什麼的？這點可能跟我爸很像啦，就是不喜歡負責，談感情還要負責？好麻煩。我這個人很乾脆，不喜歡拖泥帶水，我有朋友跟男友分分合合了六次，難過得尋死尋活，我跟她說，欸，《娘家》都下檔了，你還沒處理完喔？」

我問她，什麼樣的男人最吸引她？她半開玩笑說，沒啦，都是無聊沒事做，就交個男朋友來玩玩唄。

「你對感情這麼悲觀喔？」

「對！」她不假思索地說，「人的關係愈是要小心翼翼去維護，我就沒有辦法接受它會破掉。我在感情上是完美主義者。」

「所以，你是浪漫的人啊，不然怎麼會有顆像玻璃做的少女心咧？」

「天啊，太糟了！這點我絕不承認！」

障礙女性不是搶手貨，大家心知肚明。可最讓惠琪難受的是，有些女性障礙友人明明純潔如白紙，卻刻意裝出有技巧、膽子大、十足豪放女的姿態。這是在騙誰呢？

說的現實一點，在以「買方」為主的「婚配市場」裡，障礙女性就像是刺怎麼樣也挑不盡的秋刀魚，總是一再被人刁難挑剔。想到眾家姊妹諸多慘烈的戀愛事蹟，惠琪提起來就有氣。有人被男方媽媽刁難：「如果你可以走上二樓，我就讓你們結婚。」也有人被嫌棄：「寧可讓兒子娶外勞，也不可能娶坐輪椅的。」簡直卑微到塵埃裡了。有人偷偷私奔，等生米煮成了熟飯，才去戶政機關辦手續，事後婆婆瞄了瞄女方肚子，冷冷地說，唉，一定是女的，等女方生了白胖小子，隔天就有位「所謂的婆婆」跑來看金孫啦。

「你說嘛，是不是很誇張？做人怎麼可以這樣？所以，我從來不去見人家長輩，我覺得幹嘛去讓人家挑挑撿撿的？我才不要去面對這種無聊的事情……我拒絕做一個受害者！」她氣呼呼地說。

其實，惠琪不總是那麼強悍霸氣，她的內心極其柔軟，擅於梳理紛亂如麻的人性糾葛，是很值得信賴的朋友。跟她聊天很容易卸下武裝，傾吐真心，那時的她表情專注，讓人覺得她知心且充滿同理，流露出一股安定的力量，巨大而沉穩。如此細膩的個性，想必在感情裡也有許多千迴百轉、不為人知的心情吧！

愛是一場沒有槍聲的戰爭，占領容易，撤離很難。我不免揣想，惠琪習慣隱藏真正的感情，是不是只是擔心不知如何撤離受到傷害？她對愛情從來不抱希望，會不會只是害怕失望？

關於這點，我沒問過惠琪，也覺得不需要問。人生在世，自然有各種疑惑困頓，沒有人有答案。

加分的人生

照理說，小育（化名）應該是天底下最不幸的女人了。

十九歲被大貨車碾過下半身，鎖骨及肋骨斷了、脾臟及膀胱破了，整個骨盆腔被壓得粉碎，加上脊椎嚴重受損，「肢離破碎」尚不足以形容，人生還沒真正展開，未來的道路就注定異常凶險。但如今的她自信而開朗，見了人總是笑吟吟的，臉龐是那麼地耀人，有種不知天高地厚的歡樂。

她剛考上大學，還沒註冊就出事，在醫院連待了幾個月，人還躺在病床上奄奄一息，媽媽就再三警告她，人家媳婦都要捧碗給婆婆吃，逢年過節要跪下來祭拜祖先，你連這點小事都做不到，要怎麼嫁人？

「那時我連殘障手冊都還沒有，我媽就一直跟我說這些。現在想想，她真的很誇張耶！」小育說時，不覺發出銀鈴式的笑聲，

她倒是沒那麼悲觀，總覺得自己還年輕，未來還有無限可能。出院以後，她在家扎扎實實窩了兩年，經歷過無數次或大或小的手術，都撐過來了，但她一直無法適應的，是整天被囚禁在小小的房間，朋友來探望時，說的是陌生的微積分與社團，她完全插不上話，爸媽見了她老是淚眼相對，悶死人了。就在這個節骨眼，男友再也不來看她了，她雖不意外，卻傷透了心。那是她人生最黑暗的一段時光。

後來，是怎麼走出來的？

「就有個平常一起吃喝玩樂的朋友很認真跟我說，喂，你這樣下去不行耶，一定要找點事情來做啊！」小育聽了，一時之間也都傻了。是啊，未來的日子還那麼長，難道要天天躲在家裡，跟爸媽大眼瞪小眼？她咬咬牙，積極準備復學，一年之後順利考

進大學，展開遲到已久的新鮮人生活。

因為好勝好強，她堅持自己拄著枴杖、自己推輪椅、自己開車上下學，別人看她樂觀進取，其實她心裡很虛，做什麼事都怕。她鮮少一人出門，一人逛街，就連一人買便當都覺得驚心動魄，每天只想直接跳過白天進入晚上。至少晚上可以做做夢，不論世界如何令人恐懼，有夢最美，希望相隨，不是嗎？

細心的學長看到她的惶恐，主動帶著她出門辦事，購物，吃飯，逛街。學長第一次帶她走進夜市，她嚇得淚眼汪汪，還好身邊有他，一切遂安心起來。她以為愛情對她這樣的女孩來說，已是遙遠的非分之想，直到學長突如其來的告白，才驚覺兩人已經發展至這種地步了。

「我老實跟他說，我會大小便失禁什麼的，這樣，你覺得可以嗎？他那時候大概『頭殼冒著燒』啦，就說他ＯＫ啊。後來，我們就在一起了。」

這段愛情有甜蜜，也有壓力，尤其周遭異樣的目光，讓他們感到彆扭極了。兩人在小店吃麵，老板對學長豎起大姆指比「讚」，弄得兩人好不尷尬。一群人出外踏青走至階梯前，學長二話不說，揹起她往上爬，立刻引來周遭如雷的掌聲。小育覺得她那麼努力學習掃地、拖地、洗衣服，什麼事都自己來，從來沒人說她能幹；學長只是替她買個便當，提個包包，卻人人拍手叫好，簡直是莫明其妙。「我媽還不是一天到晚差遣我爸做這做那的，為什麼沒有人誇我爸很偉大？我們只是談戀愛，為什麼別人老是覺得學長很讚、很偉大？」

直立人與輪椅族的愛情，有人看好，也有人看衰。親友向小育媽媽稱讚：「你女兒這個男友，揪感心！」私下卻嘴尖舌薄地說：「如果是我兒子交這種，絕對斷絕母子關係！」這類有如八點檔的情節，天天在身邊上演，她不想演，情勢卻由不了她。

最後這段人人稱羨的感情，因對方另結新歡而畫下句點。我問小育，你們算是和平分手嗎？她歪著頭想了一會：「嗯，也沒有很和平啦，還是有哭哭鬧鬧什麼的……不過，我沒有殺他啦！」

感情裡的是是非非，她心裡明白，沒什麼好說的，她無法理解的是好姊妹的沉默，明明是她被劈腿，為什麼她們不肯幫腔？直到有人私下勸她：「唉，也難怪啦，學長已經照顧你那麼久了……」她才恍然大悟，原來在別人眼中，他們的關係並不對等，外界看到的是他的不離不棄，卻看不到她的真心實意。大家以為她需要他，但他不需要她。

還好，感情的挫折沒讓她傷心太久。憑著努力與運氣，她獲選為障礙領導人才代表，遠赴海外參與為期一年的研習。主辦單位依照每個人的學習意願，安排不同主題及課程，包括聽障與視障者相關知識、手語訓練技巧、無障礙空間課題、定向訓練、自立生活企畫、同儕諮商、個人助理訓練與派遣、無障礙網頁製作、點字、導盲杖製作等。這樣的經驗讓她眼界大開，從此對「障礙」也有了截然不同的想像。

例如，她首次接觸障礙保齡球、游泳、滑雪、足球、馬拉松，才知道只要透過適當協助，障礙者仍可以擁有生活自主權，不需凡事假手他人。更重要的是，她學會了接受現狀，不再抗拒醜醜的輪椅，或刻意用長裙遮掩萎縮的雙腿。她決心將力氣花在想要追求的事物，而不是苦苦追求不切實際的幻想。

異鄉遊子的思鄉之情，隨著與各國障礙夥伴混得愈來愈熟，互相取暖，漸漸消失了。好奇的她忍不住問東問西，聊些有的沒有的，像是如何解決自己的性需求。

「這個問題大家都滿困擾的啦，可是沒有人會問，也沒有人會說。」為了避免尷尬，她都是選擇在居酒屋小酌時，趁著燈光美、氣氛佳，問大家平時怎麼解決，嚇得外國友人花容失色，直說臺灣人好開放呀。她趕緊澄清說，沒有啦，只有我這樣！

隨著酒精的催化，開始有朋友酒後吐真言了，而且說出來的情節，簡直比小說還要精采。她問腦痲朋友怎麼ＤＩＹ？對方靦腆回答：以前住機構的時候，就用身體摩擦床啊，等搬出來自己住，就花錢去酒店解決。這讓小育十分感嘆，同樣是障礙男性，若是住在國外，要比住在臺灣幸福多了。

「我聽他們說有一種『胸部Club』，裡面有各式各樣的大胸部、小胸部可以自己挑，看你是要怎麼揉、怎麼舔、怎麼捏都可以。像日本的White Hands（『白手套』組織），專門幫障礙男生打手槍，就像臺灣的『手天使』，不過朋友說White Hands（的服務者）都是歐巴桑，還會戴手套，不能碰他們的身體，他們寧可去酒店找小姐。」

因為愛問，好問，她蒐集了不少第一手資料。例如聽障友人說他們做愛時從不關燈，因為已經聽不到了，若是又見不著，會不知如何反應，所以必須開著燈，看到對方表情，才知道如何進行下去。「他們還說因為聽不到，每次發出來的聲音都很大，讓鄰居感到很困擾……」小育嘩嘩笑了一陣，「每次聽他們的回答，我都覺得好好笑！」

她認識一對重障夫妻，行走坐臥完全仰賴外力，就算躺在床上也動彈不得。這樣，要怎麼做？「他們自己也苦惱了很久啦，後來是請視障朋友幫忙移位，反正，對方也看不到……」看我露出不可置信的表情，她連忙解釋：「我也不知道他們說的是真的還是假的啦，不過每次問人家這種問題，每次都有驚奇的答案出現！」

「這是你在國外研究的主題喔？」

「不是啦，是我的副修，」她揚起銀鈴式的笑聲，「自己拗自己講，哈哈哈……。」

我在《Vice》雜誌看過一則報導，描述男看護卡爾如何協助肌萎夫婦珍與道格做愛，簡直如出一轍。卡爾的主要工作是協助洗澡、穿衣、吃飯、坐上輪椅，但珍與道格有這樣的需求，他也樂意服務。卡爾會將珍抱到床邊的小型起重機上，將珍降到道格伸手能及之處，再將性輔具交給道格，讓兩人獨處一陣子。有時他會拉著珍的手，放到道格的性器上，用他的手帶動珍的手為道格打手槍。卡爾說，他完全是自願的，沒有半點勉強，也沒有因此而加薪。該文作者形容卡爾是「天使」，因為他所做的，是作者所能想像最美好、無私的事。[4]我想那位盲人對小育的夫妻友人來說，也是生命中的天使吧！

因為愛問愛講，朋友經常就教於小育，各種疑難雜症找上門來，她從不忌諱，什麼都可以談，若是不懂就四處請教。例如男性腦痲患者容易不舉，事前得先喝點小酒助性，就是她多方打探得到的祕訣。

「訊息需要交流啊，我們辦研討會，不是都會請國外的人來談嗎？這方面也要有啊！可是障礙者常被一般方式給框架住，以為自己不行，又不敢講，不想示弱……」然後她老實招認，認識身體的限制是需要點勇氣，「現在我跟我老公在做的時候，我會說，欸，我腳不能動，要搬過去一點啦，就直接講，也沒什麼啊！」

海外的學習經驗，讓她看見原來看不見的景物、人物與事物，發現了世界的不同，也發掘了自己的可能性。她帶著滿滿的新觀念與新態度回到臺灣，做了件以前想都沒想過的事：與障礙者談戀愛。

「我原來覺得根本不可能，我自己看障礙者都那麼悲情了，怎麼可能跟他看對眼？後來我整個觀念改變了，覺得『障礙』不是個人問題，可能是旁邊支持不夠，是環境的問題，至於這個人好不好，適不適合，跟他是不是障礙沒有關係。」

她第一次帶障礙男友回家，什麼都還沒說，媽媽火氣便上來了，說，這個人是誰？我警告你，你連自己都顧不好，還跟這種人交往，不是找死嗎？至於男友那邊的處境，也好不到哪裡去，據說他媽媽氣得大哭大鬧，說兒子應該找個可以照顧他的人，怎麼交個坐輪椅的？難道是想累死大家嗎？

障礙者的雙親以為，孩子的另一半不能也是障礙者，否則下半輩子就完了。但小育無法接受這種說法：

「只要有腳，就能照顧我嗎？我爸這輩子能用腳照顧我媽嗎？除非遇到歹徒，或是

4 原文見http://www.vice.com/read/interview-with-a-volunteer-sex-nurse。

劫財劫色，他可以跑出來說，我來保護你……」她用手勢做出玩「老鷹捉小雞」遊戲時，母雞保護小雞的模樣：「我找不到任何理由，一定要好手好腳才能照顧我，頂多是不能使喚對方，像我爸被我媽這樣……那，就自己獨立一點啊！」

後來發生了什麼事？為什麼兩人沒有繼續在一起？

「就，又被劈腿啊！」小育咯咯笑了起來，「不過這段感情對我來說，是很好的經驗！」

過去與學長交往時，受限於行動不便，不能玩太多「花招」，做一些「有的沒的」。至於與肢障男友無法進行「正常的活塞運動」，但為了更瞭解彼此的感受，兩人之間的對話多了，體貼也多了。這趟學習之旅，有如結合了雙方對人生、對性愛、對自我的探索，她覺得收獲很多。

「我覺得在過程之中，還是要照顧到女生的『心』啦，不是說就捉來做一做，然後就睡覺。如果對方不是障礙者的話，就不會拚命問你說，這裡有沒有感覺？這樣做會不會壓力太大？如果對方行動能力大，你只要躺著不動就好，他可以cover一切，也因為這樣，兩個人就不會有體貼的對話。」

她與肢障男友性事合得來，個性卻未必，最後感情再度以對方劈腿作收。這讓小育有了一番反省，覺得自己個性太過強勢，恐怕沒有男人受得了。幸好她生性樂觀，難過的事，笑笑就忘了。

她原是漸漸習慣了，覺得一個人也沒什麼不好。尤其像她這樣充滿自我與權利意識的女人，若是與障礙者交往，總期待對方比她強；若是與非障礙者交往，則指望對方不會「疼惜」、「照顧」她。問題是，世間存在著這樣的男人嗎？

然後，她遇到了日後的丈夫，協助重障者生活起居的外籍男子，兩人對障礙議題均有高度熱忱，溝通起來又毫無障礙，時間與經驗的淬鍊，也讓小育個性愈發成熟，懂得接納彼此的不同，兩人相處十分合拍。

然而，辛苦的戰爭才要開始。外界異樣的眼光，讓對方難以適應，坦承與她在一起需要很大勇氣，不確定兩人是否能走下去。小育知道，這是無法逃避的難題，只能暗自祈禱對方能盡快突破心防。還好，溝通的起點在於溝通的意願，以及願意聆聽他人的心，兩人順利牽手至今。這，就是真愛吧！

過去與男友走在路上，周遭異樣的眼光有如萬箭穿心，總是刺得小育遍體鱗傷。如今回想起來，她反而覺得有點好笑，甚至認真分析國內、外路人眼光的差異。根據她的經驗，臺灣人多半是大剌剌地看，甚至會跑過來問她，這你男朋友喔？外國人耶，怎麼這麼好？好感動喔！也有人像見著奇花異草死盯著他們，明明已錯身而過，仍忍不住拉著旁人交頭接耳，指指點點。反觀兩人在外籍男友的家鄉，就算陌生人想多看兩眼，也只敢偷偷地、不著痕跡地瞄一眼，態度委婉而有禮，自然讓她有著迥然不同的感受。

「不過最重要的，還是我自己心態有改變啦，現在人家怎麼看，怎麼說，我都不會覺得受傷了。」一樣的場景，不一樣的態度，心情就有千變萬化。

信任是值得細心呵護的。談起兩人相處點滴，小育認為他個性成熟，又有責任感，真的是很好的伴侶。她也小小抱怨說，他從不刻意討好她，也沒把她的障礙放在眼裡。他要她幫忙拿東西，她說，我是障礙者、坐輪椅耶，是要怎麼幫？他冷冷看她一眼，說，障礙喔？那又怎麼樣？她臨出門發現外頭在下雨，哀聲嘆氣地說，唉呀下雨了，我要出門了耶，怎麼辦？他卻平淡地應了句：反正有停車場，你又淋不到！

他知道她能力的極限，從不特別讓她，至於她偶爾以障礙示弱，不過是討拍、撒嬌罷了。她承認從小被媽媽洗腦，覺得千錯萬錯，統統是男人的錯，偏偏外籍佬不吃這套，堅持若是做錯就得認錯，這是做人基本道理。起初她死鴨子嘴硬，遲遲不肯鬆口，後來自覺理虧還要硬拗實在說不過去，才低著頭乖乖道歉。

「唉，我覺得人還滿賤的。」說是這麼說，可聽來不像抱怨，倒像是放閃。
「你應該還滿喜歡他這種個性吧，可以就事論事。」
「就人賤啊！你強，就要找一個比你強的，這樣才釘得住你！」
「你是不是在他面前，可以更自在表現出小女人的一面？」
「嗯……是吧。」她笑嘻嘻地告訴我，他小她八歲，兩人剛交往時才十九歲，害她差點犯罪呢！說罷我們同時放聲大笑。

她第一次帶他回家，爸媽不知是真傻還是裝傻，什麼都沒問，只當普通朋友招待。吃過飯大家跑去逛街，他看中一件運動外套，手上沒有足夠現金，請小育暫時代墊，她才打開錢包，媽媽便把她捉到角落數落說，女兒啊，千萬不要用錢養男人！

「那時候我心裡的OS是，什麼啊？我根本養不起他好不好？」她沒好氣地擺擺手，說了聲bye bye，便與男友離開了。隔沒幾分鐘，媽媽便來電警告：「女兒啊，你條件也不是說多差，不要用錢去買男人，媽媽說的，你要聽進去……」聽得她頭皮發麻，又氣又急地反駁：「你怎麼講得出這種話？你怎麼可以這麼歧視你女兒，認為我會花錢買男人？他手上的錢不夠，我先替他出，這很正常好不好？」她聳聳肩，順了順耳邊的頭髮：「那時候我媽大概也在矛盾，覺得不可能不可能不可能，不相信她女兒有非障礙者會喜歡啦！」

外籍男子的溫暖與一路相守，就算外界未必看好，都沒有真正打擊到他們。只是他無法長期留在臺灣，她又捨不得手邊的工作，交往三年多都是遠距戀愛。至於結婚，既然家人不催，兩人也不急，就這麼拖了下來。

然後，小育懷孕了。突如其來的訊息，讓她整個人墮入一種失重的恍惚。她打電話給人在國外的男友說，喂，兩條線耶。對方反問，什麼兩條線？小育沒好氣地說，我懷孕了啦！對方沒有「我要當爸爸了」的興奮，只是平靜地說，喔，那就生下來吧。小育聽了鼻子一酸，她知道他不如口氣那麼灑脫，但為了怕她擔心，只好故作鎮定。

爸媽只見過他兩次，小育不曾明說兩人關係，爸媽也一路裝傻。雙方第三次見面，就是告知她懷孕了，兩人要結婚了。爸爸並沒有特別反應，倒是媽媽喜出望外，拚命拉著男友的手說，唉呀太感動了太感動了，讓小育覺得超誇張。

「我媽一直到現在都還會跟我說，你老公會喜歡你，已經很不錯了，你要好好打扮，不要讓人家嫌棄，反正她就是不相信人家會喜歡我就是了啦。喂，我們是因為愛在一起，我媽在感動個什麼？感動他要我嗎？我老公每次聽到這種話，都覺得很好笑。」

過去生命中的小悲小喜，小育已然放手，她最在意與珍惜的，是此刻的幸福。隨著年紀日增，以及身為人母，原本處於渾沌抽象的概念慢慢浮現，如今的她認為，「障礙」對人生不是扣分，而是加分。她說，她喜歡坐在輪椅上的自己，每次行經街上店家的落地窗，就會停下來看著自己的身影，覺得這樣的自己「好看極了」，並笑稱自己有著「沒有救的自信」、「整個就是自我感覺太良好」。聽著她愉悅且帶著甜甜的從鼻腔發出來的聲音，正如她的人一樣可愛清新，誰能說這樣的她不美呢？

「每個人的身體都有極限，不需要改變自己的身體去突破障礙，而是要讓周遭更瞭解你，需要協助時你就尋求協助。現在的我，比以前更愛自己，愛我的身體，愛我的輪椅，我更有力量繼續愛我的孩子與家人！」

陽光下，她看起來是那麼地確然。

太多的幸福

R與T結婚十多年了，R視障，T肢障，兩人沒有孩子，也沒人問過他們為什麼不生，好像障礙夫妻沒有孩子，就是那麼理所當然。丈夫R說，結婚只是想找個伴，至於生孩子的事，想都沒想過。妻子T則是指指自己癱瘓的雙腿，一副答案再明顯不過的表情：「像我這樣，你覺得要怎麼當媽媽？」

如果T是不喜歡孩子，所以不生，倒也無可厚非。但從她的回答來看，選擇不生，未必是她不想，更像是對扮演母親沒有足夠的信心。她「不要孩子」固然是事實，但這麼說或許是自我防衛，畢竟聲稱「不要孩子」，要比承認「渴望孩子，但不敢生」簡單得多。

學者邱大昕指出，女性障礙者最常碰到的歧視，並非社會將她們的角色限定在家庭主婦，而是社會不期待她們擁有「妻子」與「母親」這些角色：

> 由於男性障礙者被認為需要配偶照顧，家人會設法幫他們找到婚姻對象。但女性障礙者被認為是沒有能力提供照顧的，因此女性障礙者結婚率遠比男性障礙者低。中途成為障礙者的女性離婚的比例，也比中途障礙的男性高。父權社會秩序依照生育能力來定義女人，身心障礙女性則被視為危險的生殖者。身心障礙女性甚至不被賦予生育權力，激進主義女性主義者主張單身女性或同性戀女性有權使用生殖科技，但對女性身心障礙的能動性卻很少給予聲援。女性障礙者經常是結育計畫的對象，女性智障者的結紮比例也一直都比男性智障者來得高。[5]

學者郭惠瑜也認為，小兒痲痺女性選擇不婚或是不生育，未必是出自個人選擇，而是母職角色遭到否定的結果：

小兒麻痺症並不具備遺傳性，但仍有受訪者提及，婚前遭受男方家長質疑是否會將疾病遺傳給孩子。這般社會偏見也造成身障女性對於生育的恐懼，如一位受訪者發現自己懷孕時，擔心如果自己生出一個「怪物」來，該怎麼辦？而對於患有遺傳性疾病的女性而言，在生育抉擇上往往受到更多質疑。

……在臺灣社會傳宗接代觀念裡，身障女性同樣背負生男壓力，多位受訪者指出，她們被要求替夫家生兒子。此外，懷孕對身障女性的身體造成極大負荷，她們懷孕過程所產生的生理變化可能與一般產婦不同，但是在孕程中所面對的風險與問題，卻無法在現有生育服務中得到支持。……身障女性在照顧孩子過程中也面臨許多挑戰，照顧方式因此必須進行調整。例如一位手不方便的母親提到，「我的手沒有力量，小孩還小，我得用牙齒咬住孩子衣領，把他從學步車上移出來。」

5 〈為什麼需要女性主義身心障礙研究？〉，邱大昕，《婦研縱橫》第九十六期，二〇一二年四月一日。

……陪同幼兒就醫也是許多受訪者提出的難題，對於使用拐杖或輪椅的身障女性而言，無法親自牽著孩子或抱著孩子去醫院，因此需要第三人陪同送孩子就醫。如果另一半也是障礙者，或是突發狀況而家人忙碌，往往求助無門。然而，現行身心障者陪同就醫服務，仍然以身障者就醫需求為主，身障母親需要其他人協助陪孩子就醫的需求，則不在現行服務範疇之內。

這些例子凸顯身障女性親職照顧支持的迫切性，但其親職需求仍然被忽視。6

障礙女性生兒育女的難題，不只涉及觀念問題，更與個人的生理條件與周遭的醫療環境息息相關。學者陳伯偉訪問障礙者Angel及其男友Brian是這麼描述的：

Angel進一步解釋因自己的身體可能讓她在生產過程中面臨「要留媽媽或孩子」的危險處境，自己堅持「一定要留小孩，可是他（Brian）跟我說他堅決不會留小孩」。當被問到如果真的懷孕，最焦慮的事情，Angel回答：「我全部都焦慮呀！」包括擔心自己會一直漏尿，「肚子這邊有一根管子……只要平常脹氣太嚴重……就會漏尿，那如果懷孕肚子要撐那麼大，那管子怎麼辦？你去詢問醫生，他們會告訴你說他們也沒有遇過我這一種狀況的，」還有也因脊損讓身體有時會張力很強，「就是突然肌肉在放電……像是反射作用……沒辦法控制……然後我肚子這一塊會很僵，會弓起來很硬……如果有寶寶不就會受傷？」加上下半身失去知覺，一旦「宮縮，或者是你要生Baby羊水破了什麼你都不知道，或是你身體發生任何狀況你都不知道……」，就像自己脊損的朋友懷孕生小孩時，「說什麼每五分鐘，頭痛一次……她就覺得很奇怪怎麼一直頭痛，後來想說去醫院好了，才發現原來她宮縮、要生了，她都不知道，羊水已經破了。」就算幸運順利生產，煩惱依舊存在，擔心自己無法帶小孩，「如果他要往窗邊跑的時候你沒辦法救他，你只能拚命大喊，快一點、快一點，誰來一下，就等他們大人趕快來救，我就只能眼睜睜地看著小孩往窗邊爬，你沒辦法救他，對那種焦慮感就會很重，」當然，這些焦慮都還不包括生活中柴、米、油、鹽與養小孩的經濟考量。[7]

6〈她們不配當媽媽？——被遺忘的身心障礙女性家庭照顧者〉，郭惠瑜，《報導者》，二〇一七年五月十四日。

7〈親密悅／越界：身障者的性、愛、慾〉，陳伯偉，《巷子口社會學》，二〇一七年八月二十二日，https://twstreetcorner.org/2017/08/22/chenbowei-2/。

因為社會眼光與既有條件是如此，難怪小育常說自己很幸運，能與相愛的男人結婚，順利生下可愛的女兒，美麗勇敢的靈魂攜手同心。但她一路走來並不總是平順的，尤其做了媽媽以後，她戰戰兢兢、患得患失了好一陣子，也深深體會到身為母親的脆弱與無助。

結婚以後，她隨夫婿移居國外，異國生活的適應，語言文化的衝突，初為人母的慌張，日子已經夠混亂的了。那時他們住在半山腰，出入十分不便，白天先生上班，家裡只剩母女兩人，每天眼睛所及只有窗外，生活單調得令人捉狂，偶爾想出門又沒有車子，那兒都去不了，什麼也不能做。想起昔日職場的風光，對比如今「落魄」到連買尿布都得拜託人，她覺得自己真沒用。

人在異國的孤單，新手媽媽的壓力，終於在某個時機點爆裂開來。有天先生拖著疲憊的身子回家，她的情緒有如野犬般突然狂吠不止，失控地放聲大哭，見到妻子崩潰的慘狀，先生也不知該如何是好。窗外是碧海藍天的優美景致，屋裡是牙牙學語的寶貝女兒，一切看起來那麼美好，她卻被自己的憤怒與無助綁得死死的，快撐不下去了。這樣的念頭，讓她又自慚，又矛盾，不知該如何解套。

愛本就會加重彼此的負擔，若是覺得筋疲力盡，也不需要覺得羞愧。夫妻倆平心靜氣討論了許久，決定搬出交通不便的老家，自行在外租屋，先生改騎腳踏車上班，原本通勤的小轎車讓小育使用，她的「異國媽媽奮鬥記」頓時明亮起來。

「你先生讓你開他的車，他自己騎腳踏車上班？我沒聽錯吧？」

「沒有啊，因為我要帶小孩，又要買東西什麼的，這樣比較方便！」

「哇，你先生好體貼喔！」

「嗯，他是比我成熟啦。所以我常說，我真的很幸運啊！」這時，她甜甜的鼻音又出現了。

沒有真正照顧過孩子，身旁又沒有幫手，很難體會那樣的手足無措。小育媽媽比她還緊張，三天兩頭打越洋電話叮嚀嬰兒要怎麼抱，吃飯該怎麼餵，怕她無法替女兒洗澡，總是擔心個沒完。小育自有一套育兒法，而且這套方法無人傳授，全靠自己摸索，至於長輩那套既定的照顧規矩，根本不成立。

「我媽很好笑，她覺得幫小孩洗澡，一定要在浴室裡，蹲著用大臉盆洗，請問法律有規定要這樣洗嗎？」說到這裡，我們又忍不住同時大笑。聰明的小育把臉盆擺在起居室與輪椅同高的桌面，再把女兒擱在臉盆裡，就解決啦。當然，其他障礙媽媽的經驗亦讓她深受啟發，像是把衣櫥抽屜拉開，在上頭鋪上棉被，就能做為寶寶的床鋪，也就不怕高度搆不著了。這都是障礙媽媽的戰鬥經驗。

把屎把尿辛苦歸辛苦，總有解決的辦法，但要帶孩子出門，外在條件可否配合，就不是她能決定的了。有回她帶女兒「妹妹」在娘家附近的小公園玩耍，妹妹一個箭步奔向溜滑梯，四周層層的欄杆與階梯，坐輪椅的她根本過不去，只得隔著老遠扯著嗓子說：「媽媽過不去，你乖乖自己上去喔！」妹妹跌倒了，她再怎麼心急如焚，也只能拜託其他媽媽上前安撫，再替她把妹妹抱過來。其他媽媽嘖嘖讚嘆說，哇，你女兒好獨立喔，小育嘴巴說謝謝，心裡卻在淌血。

但她旅居國外的母職經驗，卻完全是另外一回事。她的住家附近公園的遊樂設施入口有道斜坡，可以順著斜坡一路將輪椅開到設施頂端，就算她無法抱著妹妹一起滑，至少可以坐在滑梯入口，鼓勵妹妹坐上去，往下滑，她再經由斜坡將輪椅移至滑梯底迎接妹妹。「我心想，哇，人家公園已經進展到這一步了，臺灣還在初步溝通觀念的階段，真的晚了好久！」

母職未必是天性，有了環境的支持與配合，就算沒有強烈的母性，仍可將母親的角色扮演更好。小育的經驗與感慨，反映了我們對「母職」的定義過度強調體力的勞動，忽略了心理支持與陪伴的重要：

在資本主義社會中，太太必須維持先生和未來小孩的勞動水準，因此女性障礙者身體功能的損傷，很快地就和無能的女性、會成為失敗的妻子和母職角色等社會期待的女性親職角色做連接。這樣的「照顧者不可具有依賴特質」的價值觀，顯示出我們社會對家庭中提供照顧者的想像，不可以和被照顧者相互重疊。因此，身心障礙女性從外貌延伸到生產力，再延伸到依賴的形象形塑，是一連串被社會的價值觀所建構的過程，重點在於女性身障礙者能否能夠具有維持社會運作的功能，因此單純的戀愛關係已經不單純只是戀愛而已……

我們從肢體障礙女性的經驗發現一般人的「幸福」定義竟然如此狹隘，幸福的家庭生活僅是透過評斷女性身體功能加以定義，肢體障礙女性則在此定義之下主動或被動地成為幸福的邊緣人。上述家庭與建立親密關係的主要困境在於女性障礙者的外部肢體障礙事實，這個障礙事實成為她自己看待自己與他人對她期待的主因，因此在這部分追求親密關係的過程，女性身障礙者成為「障礙事實」的被動受害者，非出於自願地被迫接受社會強加在女性障礙者身上的成家立業價值與貶抑她們照顧能力的態度。8

8〈三種不同障礙類別之女性身心障礙者生命經驗：由「女性」與「身心障礙」認同角度之詮釋〉研究成果報告第四十四頁，計畫主持人：王國羽，二〇〇九年九月十日。

障礙是否能做為女人不足以成為母親的資格？答案當然是否定的。就像阿根廷紀錄片《輪椅上的母親》（*Mothers on Wheels*）開宗明義便提出的疑問：「誰來決定生命腳本？什麼樣的因素，可以決定人所要走的路？」片中罹患小兒麻痺的媽媽說：「身為女人，都想成為媽媽，對我是遙不可及的夢想……。」她生下心愛的孩子，用電動輪椅載著孩子兜風，透過導演鏡頭的呈現，那畫面簡直美得像詩，像畫。

身為母親，是發生在她們身上最美好的事，若真要說她們有什麼不同，只是她們是坐在輪椅上，如此而已。這樣的母職經驗或許是險路一條，也太溢出常人的生命風景，卻仍值得奮力爭取。

她們像漲滿的風帆，準備迎接未來的順風。

六、天使手記

穿鐵鞋的男孩

認識智堅是好久以前的事了。

那時我在地下電臺主持一個小節目，他是負責的錄音師。每回錄音前後，我總愛窩在音控室與他東扯西聊，討論空檔放什麼音樂，抱怨一下惱人的人事紛擾，羞澀的他總是微笑傾聽，不怎麼發表意見，一雙見識過人世滄桑的眼睛裡的暖意，讓我確信不論說了什麼，他都可以接納，而且保密到底。那是種難以言喻，又異常確信的感受。

辭去主持人之後，我再也沒見過他。偶爾在計程車上聽到該臺節目，他神情專注傾聽的模樣浮現腦際，產生一種淡淡的思念。我不是沒想過打個電話問候一聲，彆扭的個性卻老在拿起話筒的一刻又放了回去。就這樣，二十年過去了。

有回與琪姐（紀錄片導演陳俊志）同坐高鐵北返的路上，他無意間提起有人正在籌組提供障礙者免費性服務的團體，我驚訝地說不出話來。有人心甘情願做這種事？真的假的？

隔了兩年左右，這個名為「手天使」的義工組織舉辦分享會，我在好奇心驅使下跑去湊熱鬧，臺上名叫Vincent的男子正條理分明地訴說創辦理念與接案經驗。那樣的神情與姿態，我是熟悉的，可那樣壯碩的身材與滿滿的自信，卻不太像我認識的智堅。要不要上前相認？萬一認錯人，或是他記不得我了，那不是很糗嗎？內心小劇場搬演了好幾回合，我終於鼓起勇氣走向他，他熱情的擁抱，立刻化解了我先前的疑慮。

昔日瘦弱的文青，變得自信自在、沉穩堅毅。是什麼樣的力量與信念，支持並感召著他有如此巨大的轉變？

「生命中有些東西已經鋪陳好了，只是你願不願意承受。參與同志運動以後，我發現『性』是一種手段，拿掉了『性』，做任何倡權就軟了，沒有任何力道，這是老天給同志很大的武器。如果能夠翻轉『性』這樣被汙名化的東西，才是本事，如果你愈害怕它，就會被它吞噬，與其被它吞噬，不如去駕馭它，讓它變成自己的武器。再加上殘障的身分，我想既然已經這樣了，何不把自己的缺點轉化成優點？這樣翻轉了以後，好像還蠻成功的。」

他沒有停頓，不用草稿，一口氣說了一串，字字珠璣，每一句話都堪稱經典。長年四處演講、南北征戰的經驗，讓過去害怕面對群眾的他，如今已是障礙圈與同志圈的風雲人物。我覺得自己找回了一位老朋友，也好像交了一位新朋友。

障礙的智堅，一望即知，因為他的輪椅；同志的智堅，過去他隱藏得很好，沒什麼人知道。但「障礙」與「同志」這兩種身分，讓他最不能接受的，反而是前者。他綿延道出在流轉生命中遭遇的壓抑、自省與無助。

他出生三個月，剛學會走路就得到小兒痲痺症，看過的醫師，吃過的藥，多到數不清，也記不得了。成長中恍惚的憂傷與苦楚，生命的質疑與叩問，他以為是障礙者的宿命，既然如此，就忘了吧。

有些記憶或可灑脫地遺忘，但有些記憶，就是忘不掉。

那是四十多年前的往事了，媽媽帶他到山上求助神醫，同行還有另一對兒子小兒痲痺的母子。途中兩個孩子接續發生抽搐，那是感染小兒痲痺病毒常出現的症狀，智堅媽媽沒有猶豫，立刻將湯匙塞進他嘴裡，就怕他咬舌致死，另一位無助的媽媽卻做了痛苦的決定，眼睜睜看著孩子抽搐至死，在等待死亡的最後幾分鐘，緊擁兒子痛哭不捨。

這樣生命的陰影，智堅不曾反覆訴說，只讓它幽幽潛藏在心底，且夾雜在更多斑斑剝剝的記憶裡，讓人無法察覺。

他的童年大都待在家裡，爬上床爬下桌爬進房間爬進廚房，腳趾關節因雙腿拖行磨得皮開肉綻，每天只能躲在大門縫後，看著其他小孩嬉戲，跑來跑去，羨慕極了。十多歲時，路上素昧平生的老太太突然朝他吐口水，惡狠狠地咒罵：「死跛咖，前世人做太多歹代誌，這世人活該有報應！」他像靈魂被抽走了一般，整個被掏空，恍恍惚惚，心裡湧現出無數個缺口，數不清的悲傷，從缺口灌進身體裡頭，擋都擋不住。

慘淡的年少時期，他老是哭，今天哭完了明天哭，就算哭了幾個太平洋的眼淚，總是盡力隱藏悲傷，就怕替困窘的家增加負擔。然而年輕的心總是易感的，外界的冷潮熱諷，讓他想死的念頭愈來愈頻繁。他想過跳海，走在沙灘上舉步為艱；他想過跳崖，單憑柺杖卻上不了山，自己也沒那樣的勇氣。障礙果真是障礙，就連求死都不能得。

「以前遇到痛苦挫折，我跟我媽說，當初你為什麼要救我，為什麼不讓我死了算了？你知不知道我活得多痛苦？現在回想起來，覺得自己怎麼這麼殘忍，竟然跟媽媽講這種話，真的很對不起她。後來我會這麼拚命，做這麼多事，我覺得背後有一個東西，就是想證明她那麼努力把我救回來是對的……」說到這裡，他不斷用手掮著眼睛，不讓自己哭出來，「啊，講到這個沒有哭，真好！我愈老愈愛哭……能哭能笑的人生，其實還滿美的！」

很長一段時間，他覺得自己是兩個人，一個是開朗陽光的他，一個是自卑退縮的他，而他從來只把陽光的自己帶出門，把羞恥藏在衣櫥裡，不讓別人知道。他努力藏好悲傷，不讓別人看見，因為他不知道怎麼做，才能讓這兩個人變成一個。

時間的流逝，以及年紀和經驗的累積，他發現人生最大的難題在於無法接納自己的身體。原地踏步，只會讓生命腐朽，只有走出自我，才能重新出發，他決定從熟悉封閉的環境出走，尋找其他的可能。他參與障礙者社團，結識了際遇相似的朋友，路上看到障礙的陌生人，試著對他們微笑……。

一旦坦然接受身體的殘缺，原本生命的阻力，反而成了成就與肯定的動力。二十九歲，他接納了身為障礙者的事實，也確認了自己同志的身分。

「有時候想想，好可惜喔，我二十九歲才進同志圈，晚了人家三分之一的時間，美好的肉體都沒有讓人家有機會品嘗，真對不起我自己……欸，身為小鮮肉，那是多麼驕傲的一件事啊！我都沒有領略過，現在就算幻想也幻想不出那種感覺，再怎麼努力都回不去了。」他半開玩笑說。

他的愛情之路有點坎坷，表白老是遭拒，一而再、再而三地受挫，讓他以為自己是堆垃圾，沒有人愛。他獨自到新公園（如今的二二八公園）閒晃，看到有位俊美的男子敞開襯衫，露出六塊結實的腹肌，那樣的畫面，真是太美了。他低頭看看自己，有六塊組成一塊的大肉肌，這樣的身形，在追求精實肌肉的同志圈，就連一夜纏綿也不可得，怎麼辦？

他決定主動出擊，展開大膽的冒險。

智堅的文筆極佳，他在「精蟲衝腦會死人」一文中，把障礙者對情慾的渴望與無奈，描寫得活靈活現：

記不得，在忍了多久後，我決定要好好去解放身體。去了那個曾經不知徘徊在門外多少次的三溫暖，接連好幾次地在樓下入口，望了又望。騎著改裝的三輪車，在附近繞了又繞。在午夜時刻，看著男人們，從那大樓進進出出，心中好不欽羨。

羨慕那要進去的人，可以好好地解放緊張的身體。羨慕那輕盈步出門口的人，在忠孝西路的天橋迎向極樂，而我卻成了夜裡、在這滯留找不到出口的鬼魅，無法投胎轉世。

我要老實地承認，精蟲衝腦，會死人的～最後的理智不再理智，走！爬著也要爬進去，只要能傾瀉一池的慾望，死也值得！決定把鐵鞋留在家裡，撐著枴杖，四個輪子時速各五十地衝到了大番（編按：曾是臺北最知名的男同志三溫暖）。我告訴自己，不要想！什麼都不要想，只管停好了車，給它一步一步地走進去，電梯給它按下，電梯門一開，就直接按下大番樓層。心跳如戰鼓般地咚咚作響，好似戰士要進入不可知的蠻荒原始叢林，只要電梯門一開，就拿起手中的盾箭大幹一場，只要往前衝，開出一條血路……在心情忐忑不安中，電梯門開了，暈黃的燈光裡，沒能看清室內，我握緊了手中的盾箭，卻冷不防地一陣腦筋空白，冷汗直流（還沒泡三溫暖呢，全身都已汗淋潸潸），儘管這空間有強大的冷氣，但我想到的是「完了！我手中拿的是枴杖，見杖如見朕！」我只要走進去，「殘」跡敗露馬上見光死……一陣猶豫中，「歡迎光臨」四個字，也隨電梯門闔上那一剎那，聲音漸漸遠矣～電梯人道：「一樓到了！」我又回到了人間大地，「不！不！」心裡的我吶喊著，就今天，今天一定要給自己一個交待，賴活不如好死！電梯給它按下去……

豁出去了！繳了錢，拿了毛巾和置物櫃鎖匙，到了更衣間，想也不想地脫光身上衣物，旁邊有光不溜丟的男孩，我卻一眼也不敢瞄。才把置物櫃給鎖上，起身時，看見自己細白的「鳥仔腿」，二話不說迅速地把浴巾給圍上，撐著枴杖，找到浴間，快速地把身體沖洗一遍，不敢大方地四處看看，卻覺四方都投以異樣的灼熱眼光（或許根本沒人看，心裡有鬼！），沖完水，目光搜尋了附近有一間，烘烤功能的房間，就撐了過去，門一開，才走進一小步，不知地板溼滑，而摔了一大跤，那種不只人撞到地面的聲音，還連枴杖互撞唉嚎的聲響，在寂靜的三溫暖裡，顯得異常大聲。顧不得身體的疼痛，想法子快速地把身子給撐了起來，坐在旁邊的木板上。因為聲響緣故吧，有人衝了進來，問有沒有事？愛面子的我，一派輕鬆地說：「沒事，只是枴杖倒在地上，沒事沒事……」但皮肉可痛著哪～之後，陸續有人進來，但沒人要對我上下其手，心中的落寞油然而生！我把怨氣都怪在我的兄弟上（喂～想到哪了！我是指，死都要跟我拜把的枴杖啦！）。守株待兔不成，總不能把錢砸到水裡，都沒漣漪吧！我決定今天一定要達陣，否則今天……不回家……。

走過電視間，擦身而過的人肉森林，我都如鬼魅般的，沒在人群裡產生火花，充其量算鬼火吧！我如隱形人般地透明，真的很透明耶，只圍了一條圍巾，和赤裸差不多呢！到最後累了，我才不得已地爬上樓（事前我不知有樓上?!天啊，沒支架撐著上樓梯，累斃了……當時還想問服務臺有沒有電梯上去呢，但如去問會不會太好笑了？我還期待三溫暖有無障礙哩～～且又顧慮還要走回溼滑的淋浴區，更危險而作罷）。走到休息區，進了房間，稍作休息……之後，我才落荒而逃似地離開了。

啊？你問我有沒有「做」哦？嘻嘻～想也知道，我不是說了，不達陣不回家嗎！那麼辛苦，如還不能身心解放，那你看到現在的我，一定是瘋了！（不過，重障的我，再加上瘋了，還是重度耶！）因為慾望無處宣洩而瘋了～但要我再去三溫暖，我要思考再三了，除非那天成千上萬的精蟲追著我跑，走投無路再說吧！

這篇文字寫來幽默好笑，但我可以想像，智堅是鼓足多少勇氣，克服多少障礙（樓梯、臺階、昏暗的燈光、溼滑的地板……）才順利進去。他運氣算不壞，總算成功「達陣」，沒有發生意外。若是摔傷的話，店家是否願意負責？又該如何跟家人解釋？裡頭有太多難以言明的細節了。

當然，他追求的不只是慾望，還有愛情。細膩敏銳如他努力累積愛人的能量，想等真命天子出現時，將滿坑滿谷的愛統統送給對方。經由朋友介紹，他認識了Great，兩人的羅曼史早已是圈內耳熟能詳的愛情童話了。他說起初兩人不怎麼來電，直到有次相約吃飯，智堅開車赴約才剛抵達餐廳，Great一個箭步走向駕駛座，替他拉開車門，將枴杖拿出來。這個不經意的小舉動，讓他發現Great的善良與貼心，當場決定：「好，就是他了！」

Great的體貼，總是自自然然，不留痕跡。兩人合買房子正式入住之前，智堅一面整理房間，一面順手拿了條抹布坐著擦地板，Great見狀大叫出聲：「我不要你這樣！」智堅一時也愣住了。Great搶去他的抹布，跪在地上默默擦起來，智堅恍然大悟，原來在駭人咆哮的背後，是心疼，是對他的愛。這是他生命之中，第一次感到有人這麼關心他，說時伴隨著幸福的淚水。

他們的感情尚未得到雙方家庭認可前，年夜飯都是各自解決。有一年Great媽媽打電話給他：「今年除夕，你也一道來吧！」原來Great鄭重告訴爸媽，如果智堅不能跟全家一塊過年，他就不回去了。「聽到他這麼說，我是滿感動的啦！」智堅甜滋滋地承認，「現在他爸媽跟我多好啊，什麼都跟我聊，反而跟自己兒子沒什麼話說！」

生命中有了Great，手邊也有穩定的工作，他以為只要把自己顧好，世界就會變好。直到因緣際會做了同志節目，在人海漂浮多年的孽子，總算在廣播中找到委身之處，昔日在黑暗中摸索、猶豫、懊悔與堅持的一切，似乎都有了肯定的答案。

從小在寮國出生長大，智堅的國語發音與用字有些奇特，為了一圓主持夢想，他參加廣播訓練班，想訓練口才與膽識，沒想到老師認為他的國語不夠字正腔圓，善意建議他做幕後就好。這讓智堅很不服氣，他說：「我這個人是不能這樣被建議的，我把她的建議放在心裡，但這變成我很大的力量想去翻轉它……不好的東西，我不會臣服，我想要駕馭！」

然後，機會來了。十多年前，他以Vincent之名主持「真情酷兒」廣播節目，討論同志的情慾、權利與愛滋等議題，同理同志的苦楚與愉悅，也同理社會的暗影與光明。他為節目寫下一段美麗的文字：「在你無依時，請到這兒來，我借你枴杖重新站起來，之後請記得把它還給我，沒有了它，你可以走得更順、更好，當你找到了自己，請和我一起，勇敢走自己的路，我們會看見——更美麗的新世界……」從此，活在櫃子的人紛紛打電話或寫信給他，訴說自己的祕密、痛處與黑暗，他們以為，只有Vincent能瞭解他們的感受，甚至有中國高幹寫信訴說不為人知的苦楚，他看完之後把所有電子郵件全刪了，就怕內容曝光毀了對方。

他在黃昏裡掛起一盞燈，收容了同志疲憊而躁動的心，粉絲遍及兩岸三地，節目一做就是十年，從小功率地方電臺打進商業電臺，入圍金鐘獎。這段難得的人生經驗，開啟了他對同志文化的理解與體悟，也讓他愈來愈認清事實：同志再怎麼恪守本分，再怎麼努力向上，仍很難得到主流社會的接納。他決心定走上倡權之路。

外界的支持與肯定，讓他充滿感激與溫暖，然而身體的殘缺，仍讓他不免惆悵。某年參與同志遊行籌備活動，男體攝影師丫莫慫恿說：「Vincent，我替你拍照吧！」他連忙回拒：「你發燒了喔？有那麼多身材那麼好、有六塊肌的同志你不拍，拍我這個殘障幹嘛？」丫莫說：「每個人的身體都有美的地方，只是你沒有看到而已。」他不好直接拒絕，只好以笑代替回答。丫莫既不死心，也不放棄，每隔一陣子就提，最後才讓他點頭答應。

是什麼原因，讓他願意「蹽落去」呢？

「我會答應，是我發現去除同志的自卑感以後，我還害怕一個東西，就是我的身體被別人看到。我一直很不喜歡我的身體，覺得自己身體是醜陋的。然後有一天，我的正面能量又來了，我告訴自己說，好，我準備好了，就勇敢面對吧。拍完照片以後，當下我心裡是輕鬆的，覺得我把人生最後一個負擔拿掉了，有種輕舟已過萬重山的感覺……」他得意地笑了起來：「而且拍了以後，我多了好多追求者耶，這是意外的收穫！」

我看過一張他坐在地上，費力穿著鐵鞋的照片，ㄚ莫像是用影像抓住了他生命中的吉光片羽，照見了他的內在深處。這些在心上滾了又滾的疼痛，透過照片逼得他必須正面直視。

「那張照片，讓我想起我第一次穿鐵鞋，坐在爸媽店面門口，下午四點半，一群小學生放學經過門口，拚命盯著我看。那時我才知道，我跟他們是不一樣的。那張照片，讓我看到了無依無靠的自己，永遠只能獨自承受巨大的痛苦。我好心疼那時候的自己，一看到照片，就哭了，我跟ㄚ莫道謝，因為他讓我看到那時候的我，讓我好心疼那個八歲的我……。」

智堅放下了對障礙身體的執念，可惜我們的社會卻沒有。

有公園標示寫著「狗跟輪椅不准進入」，氣得他與障礙友人連袂抗議，告示牌才被迫取下。捷運電梯旁「請優先禮讓身體不便者」的說明清清楚楚，只要電梯來了，乘客總是蜂湧而上，沒有人願意禮讓他，他真想把電動輪椅直接開過去，給那些好手好腳的人一點顏色瞧瞧。不過說歸說，他從來沒這麼做過。

那日他與Great準備搭公車回家，司機見到他們在站牌旁揮舞著雙手，卻照樣過站不停。這次憤怒的不是他，而是向來斯文的Great，只見Great一個箭步衝到前方，硬是擋住公車去路，怒聲要司機給個說法。司機支支吾吾地說，輪椅用的斜坡板壞了，沒辦法裝。他們問是怎麼個壞法？司機語焉不詳說了半天，才在他們的逼迫下，心不甘、情不願地把斜坡板拿出來，經由兩人口頭技術指導，以及熱心乘客的通力合作，輕輕鬆鬆把斜坡板裝上去。

障礙者沒有隱身在看不見的角落，或是拐彎抹角的昏暗巷弄，人們卻習慣視若無睹。「所以啊，權利不是天上掉下來的，是得靠自己努力爭取的！」智堅如此感嘆。

二〇一〇年，他與一群障礙者及其家屬、社工及熱心人士共同發起「萬障權益行動聯盟」（日後改名為「千障權益行動聯盟」），透過每年一次的遊行，凸顯障礙者的處境與需求，包括交通無障礙、教育平權、爭取就業權益等。在籌備二〇一一年遊行的過程中，他們邀請「倒立先生」黃明正參與，黃明正建議他們推派代表一起參與，訴求才會被注意，智堅率先提出異議：「我們這群老弱殘兵，要怎麼倒立？」黃明正說，能不能做到在其次，重要的是，若是現場展現出障礙的身體，不用說明，便已勝過千言萬語。大夥陷入一片沉寂，黃明正直接點名：「Vincent，我看，就你來吧！」

「沒想到大家就鼓掌通過了，厚，好國民黨喔……」他大笑說道，「我的習慣是沒有人做的事，我就會跳下去。就想說，好吧，做就做！」

活動當天，他只穿了條內褲，在義工協助下用雙手撐在輪椅上，倒立了將近兩分鐘。那是一段驚心動魄、又震撼無比的畫面。眾人看他強忍著痛苦，露出萎縮雙腿倒立的模樣，心疼地掉下淚來。

「這就是我的目的啊！雖然不能換來他們對我肉體的慾望，換來眼淚，也不錯啦，總比沒有好。不過那天我太忙了，匆匆忙忙穿了一件很醜的內褲，有辱自己gay的身分！」說罷，我們都忍不住大笑出聲。

這回他脫下的不只是衣物，也脫下了深藏的罪惡感。他如此洗除了自我嫌惡，也重建了身體與意識的主體性。

身體是誠實的，能讓人拋開無謂的道德枷鎖，面對內心對慾望的渴求。幾經尋覓，他遇見了Great，牽手至今已近二十年，但眼見其他障礙友人仍在慾望中掙扎浮沉，他感到難受，而這樣的痛苦沒有現成出路。直到讀了《性義工》[1]深受震撼，也促使他思索究竟能做些什麼。

《性義工》記錄日本障礙者性生活的困境，以及社工與義工如何協助癱瘓者解決性需求的經歷，乍看辛辣聳動，其實深刻動人。作者透過一則則真人實事，帶出一個重要觀念：性不該被當成一種禁忌，而應帶著平常心，以理性的觀點看待，對待障礙者的性需求亦然。其中讓智堅印象最深的，就是書中提及日本White Hands（白手套組織）、荷蘭的NVSH（荷蘭性改革協會）、SAR（媒合另一種關係基金會）等組織提供障礙者性服務的做法。

臺灣是否可以仿效這樣的做法，協助障礙者從愛慾中得到快樂，而不是束縛、枷鎖或罪疚，進而將慾望轉化為生命的能量？

只有更多人加入議題倡議，障礙者的需求才能被看見、被實踐。基於這樣的理念，他與同志運動戰友鄭智偉等六位男同志整整討論了一年，在二〇一三年成立了臺灣第一個性義工團體「手天使」，免費替障礙者提供性服務。

智堅原以為團體成立之後，他只要負責幕後工作，其他拋頭露臉的事，就交給口才更好、長相更帥的夥伴吧。但老友智偉拚命遊說他出面，他笑稱：「你們推我出來，是以為我坐輪椅，就算要跑也跑不掉喔？」但智偉的話深深打動了他：「若是你出面，手天使的主張會更具有說服力！」聽了這話，他才決定蹽落去，拚了。

手天使成立之初，常有人拿智堅及智偉的同志身分大作文章，批評他們「同志玩不夠，跑來玩殘障者」。隨著申請服務及被服務的異性戀占了九七％，義工群囊括同性戀、異性戀、特教老師的事實，這樣的批評已消聲匿跡。但外人的無知與誤解，還是常讓他感到啼笑皆非。有人直接問智堅：「像你們這種人，還可以『做』喔？」他總是客氣答道：「可以啊，你要不要跟我做做看？」記者見他坐輪椅，一臉狐疑地問道：「你不是生病嗎？這樣還會有性慾喔？」他耐著性子解釋：「我沒有生病，只是在小兒痲痺ＩＮＧ。如果我真的生病，像感冒發燒的時候，的確是沒什麼性慾啦，可是等病好了，還是會有啊！」

我聽智堅演講過幾次，他每次都說得很清楚，手天使提供的不只是打手槍、滿足性慾等純生理服務，而是想挑戰主流社會對於性的曖昧、不可言說的禁忌，唯有透過理性的溝通，讓更多人瞭解障礙者的需要，他們才能擁有身而為「人」的尊嚴。只可

1《性義工》，河合香織著，郭玉梅譯，八方出版，二〇〇七。

惜通常媒體對他們的理念沒太大興趣，報導總是往煽色腥傾斜，但智堅倒是很想得開，他以為只要按著計畫走就好，反正做運動就是要推廣理念，必須高調到整個世界都看到，這是非常時期必要的策略。

外界的毀譽，我知道他承受得住，我擔心的是以他柔軟易感的個性，面對那麼多受苦的人生，要如何處理個人情緒，不受到干擾？

他沒有說話，靜靜思考了一會，緩緩談起處理個案的諸般經驗。那麼悠長深邃、斑斑血淚的故事，就連旁觀者聽了都不忍極了，何況是真誠交心的他？據我瞭解，許多受服務者至今仍常與他連絡，訴說黯黑角落的幽微心情，傾吐對未來人生的迷惘，所有好的、壞的、有趣的、悲傷的事，他全都接納，無一例外，手機二十四小時不敢關機，就怕遺漏了一通需要他的電話。

我以為智堅對他們的心疼，有部分原因是那怯弱的嗓音，就像自己生命的迴音，而他大老遠就感覺得到那難以言明的哀傷。撫著對方的創痛，如同撫著自己的創痛，他覺得拯救那些無望的心靈，自己有很大的責任。只是沒日沒夜的投身運動，Great擔心他羸弱的身子承受不住，勸他別那麼累，智堅卻認為做運動必須不斷衝撞，除非決定不做了，他才會停下來。

過去若是碰到不如意，智堅就會告訴自己，至少努力活到五十歲吧，等五十歲才離開人世，也不算太不孝順。他小時候許過一個願望，希望可以活到五十歲。如今，他已經五十五歲了，他認為這是老天爺的厚待，要他多做點什麼，所以每多活一天，都有種「賺到了」的感覺。

「我跟我媽說，我這輩子努力做那麼多事，就是希望有一天，不管你是在天上還是在世上，會很驕傲曾把這個兒子從老天手中救回來……有一天，我會證明給你看！」我彷彿聽見了那上揚尾音下的顫抖。

一個人對抗悲傷的方式，決定了他會成為怎麼樣的人。經過多年的努力，智堅終於在幽暗的谷底找到了菩提。

落入凡間的天使

每個人都有想被觸摸、呵護、愛撫的需要，這樣的慾望並不會因生理缺陷而短少，更不會因缺手斷腳或聽障視障而消失。然而擺在眼前的事實是，障礙者在追求性與愛時有著重重關卡——經濟窘困、環境隔絕、缺乏自信、移動困難，只能坐困愁城，連自慰都不能。

智堅有手指扭曲的朋友在自慰時骨折而送醫，乍聽這樣的事，只覺得荒謬極了。然而聽他以冷靜的語調訴說，一陣難以置信的哀傷頓時襲來，心裡有著微微的、針刺般的痛。這樣無法言說的苦楚，有誰願意理解，並進而伸出援手？

根據聯合國《身心障礙者機會平等標準規則》第九條規定：「身心障礙者不應該被剝奪體驗性關係及擔任父母角色的機會」、「政府應設法消除大眾對於身心障礙者結婚、性慾及擔任父母的負面印象」。然而現行法令與社會觀念的限制，讓障礙者的性愛之路險象環生，困難重重，這也是手天使成立的主因。

手天使第一位服務對象是年輕的Steven。他在出生時缺氧傷了大腦，造成雙腳雙手嚴重萎縮，平日代步的電動輪椅得靠搖控操作，連自慰的力氣都沒有，只能用手機看A片得到短暫的滿足（不用電腦看片是怕被家人撞見，來不及關機；使用手機的話，可以隨時把手機蓋翻過去關機，方便多了）。智堅前前後後與他談了好久，充分理解他的身心狀況與需求，才決定提供服務。

那是Steven的第一次，也是手天使的第一次，雙方都緊張極了。尤其Steven平日有家人及居服員隨侍在側，根本抽不出適當時間，好不容易找到家人不在、居服員尚未抵達的空檔，義工火速進入Steven家，快手快腳布置好環境，手忙腳亂將他從輪椅撻到床上，總算在居服員抵達前完成服務，並將現場環境收拾妥當，有驚無險地完成了任務。

手天使的服務完全免費，唯有一個小小的要求，就是受服務者必須繳交一篇「心得報告」。Steven在心得報告裡是這麼說的：

「做愛」的感覺有夠爽，「擁抱」的體溫好溫暖，「肉體」的接觸好親密。長那麼大了，第一次享受被性義工服務的初體驗，是我人生中無法抽離的美好回憶……性義工幫我從一開始的脫衣→擁抱→按摩→撫摸敏感帶→聊性話題→肉體接觸與磨蹭→直到我「射」出來的那刻，我真的爽到受不了，不要以為這樣就結束了，射完後還能夠在床上互相緊緊擁抱、雙方眼神對焦、肉體貼肉體、雙腳緊緊勾著，然後在這過程中，我真的很享受也很感動。做完愛，散場時，性義工再次擁抱我和吻別，我內心非常捨不得就這樣收場，淚水在眼眶中打轉，好希望哪時候會再有下一次？好希望時間一直停留在這裡。

但在這保守的社會上，我們身障者的性往往被剝奪，並不是我們不想要！我們真的很需要這種性服務的資源，也希望這資源是需要被肯定、被支持、被接納，因為我們大家的心是健康的，性並不可恥，那些不健康的是觀念，與沒有同等的同理心才可悲。

很謝謝手天使能夠有這樣的性服務，這服務一定要持續地做下去推廣，深信還有很多身障朋友都很需要等著被性服務。我內心由衷地感謝手天使種種的籌備和用心，也感謝性義工很認真、很投入地對我過一次，即便最後不能擁有，剎那即是永恆。

……我想，至少我死後，不會有遺憾，所謂的曾經，就是美好。如果在我死之前卻沒有跟人做愛過，我人生一定會充滿著很多的鬱卒與怨嘆，不想躺進棺材。[2]

就像魯迅說的，世上本沒有路，走的人多了，也便成了路。隨著經驗的累積與絕佳的口碑，手天使慢慢走出了一條路，預約人數和參與義工愈來愈多，三年多來已替十多位肌萎、腦痲、癱瘓、先天全盲的障礙者服務，甚至有政府單位想瞭解他們作業流程與運作模式。

從名不見經傳的義工團體，發展成頗具影響力的障礙性／別組織，他們是怎麼做到的？

首先，手天使不是只要申請，就提供服務，正如官網所說：「手天使的申請並不是一張表單，而是一個認識與瞭解的『過程』。」他們事前與服務對象密集溝通，瞭解對方個性、身體狀況、家庭背景、性愛取向，個人對社會的理解程度，再開會討論決定是否接案。確認成案以後，再詳細解釋服務流程與規則，光是這麼來回討論就可能花上幾個月，比服務時間多上好幾倍。

目前負責溝通面談的智堅、小齊與雅雯（負責女性申請者）三人都是肢障者，希望以同是障礙者的身分，讓申請者放心說出他們才能體會的感受。根據智堅的經驗，申請者最大的障礙往往來自對性的恐懼，他會逐一剖析這樣的恐懼從何而來，提醒對方性愛是自然反應，一點也不丟臉。他擅於聆聽，又樂於分享，很能觸動對方受傷的心靈，訴說出潛藏的恐懼、絕望與悲傷，雙方遂能建立互信的相依關係，有利於日後服務的細緻度與體貼度。

2〈從來沒有那麼爽過〉，Steven，手天使官網，二〇一四年三月二十九日。手天使官網收錄了性義工與受服務者撰寫的多篇文章，文筆與內容均十分可觀。我原以為是有專人加工代筆，經詢問才得知全是當事人親筆撰寫。例如有篇視障受服務者書寫的心得，手天使連錯別字都沒有更正，保留了原汁原味。

其次，手天使的義工有嚴格遴選標準。他們會不動聲色地從旁觀察，凝神聆聽，確認義工是否會不經意露出同情或憐憫，畢竟障礙者需要的是協助，而不是施捨，需要的是同理，而不是同情。另外，基於他們強調的「尊重」原則，個案若對義工「沒有感覺」，可以拒絕被服務，同樣的，義工也可拒絕或中止服務。關於這點，智堅是這麼解釋的：

「我覺得很多殘障朋友都被照顧、保護得太好了，好到沒有能力拒絕別人的好意，從來不敢開口說『不』，永遠只能逆來順受。我想讓他們知道，人的一生會得到東西，也會失去東西，這個世界就是這樣，交朋友也是這樣。手天使不是做慈善或救濟，逼他們非接受不可，如果不喜歡，就可以拒絕，這是他們的權利。」截至目前為止，還沒有個案拒絕被服務。

再者，手天使的服務流程縝密而周詳。行政義工會先把場地（有時是受服務者的家，有時是無障礙旅館）布置妥當，包括換上新床單，點上精油增加氣氛，用手提電腦播送A片（內容端視服務對象的性別與性取向而定），智堅負責與受服務者聊天舒緩情緒，待一切準備妥當，智堅與行政義工退場，性義工進場，時間是九十分鐘。服務結束，義工群再悉心將房間恢復原狀，不留任何痕跡。我笑稱好像特工清理謀殺現場喔，智堅亦笑著點頭承認說，有一次義工還沒離開，受服務者家人就推門進來了，讓大夥嚇出一身冷汗。幸好，沒有人發現異狀。

我問智堅是否有印象最深的個案？他想了好一會兒，始終沒有答案。我想，每個個案的背後，都是獨一無二的經歷，他一路貼心相伴，付出關心，這樣的問題，肯定難以作答。他特別感慨外界老是質疑「為什麼手天使不服務女性」，其實，不是他們不願意，而是沒有女性申請。

直到手天使成立快滿三週年，才有肢障女性私下與智堅連繫，想瞭解服務內容。智堅的細膩貼心，很快讓對方卸下心防，心無芥蒂地談了三、四個小時，日後也不時會透過社群媒體與他閒聊，兩人什麼都談了，就是沒談申請的事。對方歉然表示，每次都把他當垃圾桶，耽誤他太多時間，這聽在智堅耳裡卻有一點心酸，既然是朋友，聊天是再正常不過的事，何需感到抱歉？可見她心底千迴百轉的心思，從來無人聞問，亦無處可說。

「說真的，聽她講這些，我是滿難過的。很多障礙女性願意跟我聊很私密的事，也是一種信任吧。我很能理解那種不想『完璧歸趙』的心情，也感受得到她們心裡的痛，五千年的壓抑，讓她們習慣了不講，就算講出來了，也會被批評得一無是處……。」

這是智堅內心最柔軟的一塊，他感到心疼，卻什麼也做不了，唯一能做的，就是側耳傾聽，靜心等候。

過了一陣子，智堅開心地告訴我，她提出申請了耶，敬請期待！她，就是「美女」(化名)，手天使服務的第一位女性。黃金歲月中，為了冒險，她終於跨出去了。

沒有真正投入手天使的服務，很難想像這份工作包含多少瑣碎細節，多少不確定帶來的壓力。為了一圓美女的心願，他們特地上網買了一套性感內衣，又擔心美女家人發現，決定由智堅代為收件並負責清洗，服務當天再讓美女換上。說到這裡，智堅亦不免感慨，為什麼身體的障礙，彷彿就喪失了對美、對愛的追求？他想不出有比這更殘忍可笑的觀念了。

從不知溫柔的撫觸、深情的親吻是什麼滋味的美女，終於等到這一天了。事後她是這麼說的：

……身為重度肢障女人的我有多麼壓抑對性愛的渴求。在受服務前，我都在夜深人靜時偷偷看無聲版A片，因為我戴耳機會一直掉，只好把電腦的喇叭關掉，偶爾戴上一邊的耳機也不太明白女優叫什麼意思的，只覺得女主角好吵。後來有人告訴我有情趣用品可以買，在好奇心驅使下，我買了一支女性情趣按摩棒來自己跟自己玩耍，沒有對象和我互動談話，玩了數次後便覺得了無生趣，不想再和自己玩下去了；在受服務時，有男人真實地抱著我，他讓我好暖心，他會講話、會笑、會動、會親吻我，他是我抱得到、摸得到、親得到的真實男人，這不是色情片或一支按摩棒那樣冷冰冰地感受不到男主角的體溫……

我們都清楚瞭解「馬斯洛理論」把需求分成生理需求、安全需求、社會需求（內含感情需求）、尊重需求和自我實現需求五類，其中安全及感情需求是排在前三名的，由此可知殘障（身障）女性有多麼需要有男人愛她啊！為什麼全臺眾多家長沒有看見我們的情感需求呢？妳也一定感到很困惑與不可思議吧!?

到了中年的年紀，一般女人早就不知與男人做過多少愛，不知擁抱男人多少次了，但我呢？我還在堅守媽媽教導的傳統性觀念，我竟然連陰道在哪個正確位置都不太知道，我竟然第一次手足無措地摸到男人的裸體及陰莖，我竟然要用申請的方式來圓我的性愛夢，我真的好氣自己，為什麼我癡盼到四十五歲才能真正的得到呢？我整整晚了一般女人二十五年，為什麼啊？我真的是無語問蒼天。[3]

3〈情竇初開的我〉，美女，手天使官網，二〇一六年十月十日。

障礙的身心遇上不被瞭解的慾望，如此複雜的箇中滋味，除了當事人以外，恐怕只有手天使的義工感受最深：

> 第一位女性申請者「美女」的出現，與其說是手天使對她提供「服務」，不如說是她給了我們和這個社會看見女性障礙者情慾的機會——包含她對情慾的憧憬、想像、期待，以及實踐之後發現的落差。……女性障礙者在成長經驗中幾乎沒有機會思考自己想要怎樣的情慾，更不用說，那種「如果申請了，我是不是就變成很髒的女人」的罪惡感，有多麼難以突破。因此儘管有極少數的障礙女性來詢問，也都還在瞭解的階段，但目前還沒看到第二位障礙女性申請者的出現。[4]

當一個人能夠承認、並回顧生命最脆弱之處，也就等於開啟了人生轉化的契機。據我所知，不少障礙者在接受手天使的服務以後，不願再痛苦地苟延殘喘，決定積極前行。原來自卑的Steven想學騎馬、游泳、滑翔翼，還想交男朋友；二十八年不曾離開家的ＮＤ，靠著無力的雙手推著輪椅，走出家門，希望找到可以告白的對象；業已癱瘓九年的小王子自學繪畫，準備復學，並常主動報告自己身體「開發」到什麼程度，並做好交女友的準備。

「我承認，我們是用慾望來幫助障礙者，讓他們將慾望轉化成生命的能量，而且我在許多受服務者身上一再看到這樣能量的展現。你能說慾望不是好事嗎？為什麼我們要這麼害怕性與慾望？」智堅認真說道。

手天使主張的不僅是障礙者身體的解放，更是知識與心態的解放，讓他們拋開身體的自卑與焦慮，帶著平常心看待性的流動、多變、嘗試、創新；手天使想推動的，遠遠超過「性服務」而已：

就女性障礙者議題而言，即是檢視障礙社群內部及社會看待不同性別的障礙者時，有哪些不同的框架需要修正。然而，這還僅是在「兩性」的層次而已。若檢視性傾向與性別認同的議題，我們會發現社會對於同性戀障礙者、跨性別障礙者、雙性戀障礙者、泛性戀障礙者……都還缺乏想像——或是說，連障礙社群內部都還不是能夠讓這些朋友能夠安心「出櫃」的空間。諷刺的是，大眾倒是很常預設

4〈服務美女的一年多後〉，阿空，手天使官網，二〇一七年十二月二十七日。

障礙者是無性戀（不對任何人有性慾，但可能會有浪漫愛）而不自知。

再將「基於性傾向而生的壓迫」繼續擴展，「性解放」也包含了對於「性交喜好」的議題……無論是障礙者或健全者，跟「正常人」進入性關係或婚姻關係的話就必定比較幸福嗎？如果很喜歡自己的殘缺狀態，或是遇到所謂慕殘的人，親友和社會會給予支持嗎？還是說，只有喜歡健全者才正常？社會為什麼對於「我就喜歡你是障礙者」跟「我就喜歡你胖胖的」的喜好有不同的評價呢？

這些議題雖然看似都還離現行的障權議題很遙遠，然而並非遙不可及——事實上即使是在臺灣也都已經有人在實踐了，但就算偶爾被看見，也幾乎都被當作異類看待。我們要做的，即是將對話的空間打開，才可能將彼此從「性」及「障礙」的壓迫中解放出來。[5]

每每思及手天使所做的一切，總讓我想起《聖經》上說的：「這些事你們既做在我這弟兄中一個最小的身上，就是做在我身上了。」手天使看到障礙者真切而又難以言說的需要，主動伸出援手幫助他們脫離凶惡，就算每一步都艱難，每一步都辛苦，他們還是堅持下來了。這樣的行為除了「天使」以外，還有誰做得到？

手天使對「天使」的定義，做了最激進的詮釋。

人性的挑戰

《性義工》一書透露了障礙者不足為外人道的經歷，其中最讓我震動的，是年近七十的竹田先生的故事。

天生腦痲的竹田五十歲才第一次做愛。他徘徊在紅燈區，問了十五家色情店，直到第十六家才願意接納他。他說，第一次看到女體時，只能用「美麗」來形容，然而美麗的女性看到他，卻不禁露出異常驚恐的模樣。因氣切在喉嚨開了個洞、無法說話的竹田先生透過字盤表示：「她……肯……讓我……放進去（性器官）……其實是同情……。」[6]

日本有太多像竹田這樣的人了，人們卻視而不見，假裝他們並不存在。但是有人看見了，就是White Hands（「白手套」組織）。

5 同注4。

6《性義工》，頁二十二至二十三，合和香織著，郭玉梅譯，八方出版，二〇〇七。

「白手套」成立於二〇〇八年，客戶群主要是腦性麻痺患者，也有部分是重度肢障者，費用從三千五百至九千五百日圓不等。他們的服務流程大致如下：擁有照護及醫療背景的女服務員親切地與客戶交談，戴上橡膠手套，用溫毛巾擦拭下體協助勃起，再替客戶戴上保險套，用手幫他射精。雙方均毋須褪去衣物，也不用A片或色情刊物助興，整個流程大約是五到十分鐘。

《Vice》雜誌為白手套組織拍過一部短片「Medical Sex Worker」，記錄田中小百合的服務經驗。田中原來是專業看護，負責智障與精障者的醫療及生活起居，她有感於障礙者對身體的認識與概念不足，無法理解為什麼會勃起，慾望來了卻無法紓解時焦躁不安，甚至自殘，才決定加入白手套組織，協助障礙者的日子過得舒坦一點。

白手套組織創辦人、原從事老人照護的坂爪真吾指出，障礙者的性不是個人問題，而是社會問題；至於白手套組織提供的服務，並不是娛樂休閒，更不是性交易，而是「提升生活品質」、「維持尊嚴與自信」的專業工作。他們提供全日本十八個都道府的服務，並定期舉辦性護理課程與檢定考試，製作銷售教材與白皮書，同時向政府建言，主張將障礙者的性愛納入社會福利。阪爪真吾在接受CNN採訪時說：「日本是個矛盾的社會，雖然電視、漫畫、城市街上充斥著與性有關聯的圖像，卻鮮少有關性的嚴肅討論。今天的日本根本沒有地方讓人瞭解性，學習怎麼建立浪漫的關係。」[7]

法國的APPAS（性陪伴促進協會）與白手套組織很類似，也是專門提供障礙者性服務的組織。創辦人吉爾．努斯（Jill Nuss）原來是應召女郎，一次服務障礙者的經驗，讓她驚覺自己對障礙者有多麼陌生與無知：

我把他從輪椅抱到旁邊的沙發上。他自己不能脫衣服、穿衣服，當然更沒法自慰。我逐漸意識到，對啊，他是障礙者耶，得時不時需要幫助。以前我從來沒想過這些。我有很多無知和偏見，曾認為四肢癱瘓的人，怎麼會有知覺。其實，他的腿痲痺，但大腿往上一點，是有知覺的……但他有性慾，能體會並可以讓別人快活。[8]

努斯到瑞士接受性輔導員的培訓後，開始提供障礙人士性服務。後來她結識了知

7 相關資訊見日本白手套組織官網：http://www.whitehands.jp/e.html。

8〈小事．身體障礙人士也有生理需求〉，胡小塗，《壹讀》，二〇一七年二月七日，https://read01.com/D45KeB.html。

名肌萎症患者馬塞・努斯（Marcel Nuss），兩人婚後創辦性陪伴促進協會，成為法國第一個促進障礙者性陪伴的團體，除了替障礙者與性輔導員搭建溝通平臺，還會定期舉辦性輔導員培訓。很多人問努斯為何從事這樣的工作？她的回答是：

> 我見過的這些人，通常早上會有護士或按摩師過來，接觸頻率最多的便是這些醫護人員……他們赤身裸體，對方穿著衣服，想想整個畫面便覺得挺失衡的。體驗一絲溫柔和愛護，對他們來說，是件很奢侈的事。有些人在醫護的機械環境中待太久了，都忘了這些溫情脈脈的感覺，能夠度過一段普通的美好時光，就已經很滿足了。我經常收到類似請求：他們不希望發生性關係，只希望能夠脫了衣服和我裸體躺在一起便好。
>
> ……我們做這個不是發善心、同情或可憐他們，完全沒有，我們只是希望能夠關心並照顧別人。[9]

瑞士的SEHP（性與障礙）、義大利的LoveGiver（給你愛）、荷蘭的PassieFlower（熱情花朵）、捷克的Freya（愛神）等，都是透過合法領有執照的性輔助師（sex assistant）

提供按摩紓緩、自慰與性交等收費服務的組織。它們都是「歐洲障礙者性輔助平臺」（European Platform Sexual Assisstance for persons with disabilities）[10]的成員，平臺除了提供性輔助師訓練、媒合服務，亦積極促成相關議題的討論與政策的擬定，讓障礙者的性需求能夠被看見。他們深信，這是增進障礙者「身心健康」的重要手段。

許多性輔助師是因他人的身心障礙導致自己的倫理痛苦，而這種痛苦沒有現成的出路，決心投入相關工作。但這樣的職業選擇，很難為外人接受。

法國里昂的福萊古（Fabrice Flageul）就是一例。他擔任按摩師的第一個客人沒有雙臂，結婚三十五年，妻子也不碰觸他的胳膊。直到福萊古在他身上輕輕地推柔敲打，從對方臉上流露的愉悅神情，福萊古知道，只要簡單的撫觸，就能帶給對方極大的撫慰。這樣的經驗讓他深受震撼。他在妻子鼓勵下參加性陪伴促進協會第一屆培訓，成為專職的性輔導師，但雙親仍感到很不自在，尤其當父親看到他上電視接受訪問時，以為他要去當妓男了。這讓福萊古不免心生這樣的感慨：

9 同注8。

10 若想進一步瞭解這些組織詳情，可透過歐洲障礙者性輔助平臺（European Platform Sexual Assisstance for persons with disabilities）的官網 http://www.epseas.eu/en 再連結到個別官網。

在法國個人賣淫是合法的，卻是不道德的；在普羅大眾生活中，道德審判比違法懲處的影響更大……雖然性陪伴促進協會的工作都是志願性質，還是會被貼上「拉皮條」的標籤。性陪伴促進協會一直希望有人來告，這樣便能引發公眾的關注了，可惜的是，從來沒有人提出告訴。[11]

福萊古的困境，也是手天使的處境。手天使提供的免費性服務，固然避開了構成「對價性交易」所可能觸犯的罰則，但是按照《社會秩序維護法》第八十一條規定，意圖「媒合性交易」[12]仍可能吃上官司。智堅說過，手天使成立的目的就是推展觀念，勢必與既有體制或法令產生衝撞，如果有一天他們被偵辦或起訴，他已有坐牢的準備，「反正我已經無所求了，不會失去什麼，如果真的被捉，我很樂意，」智堅微笑說道：「當你不怕的時候，身體就是你最大的武器，而且拿出來打架也不會輸……因為，沒有人敢打殘障的身體！」

目前手天使的服務僅止於愛撫與打手槍，不是刑法定義的「性交」[13]，且服務地點不是在旅館，就是在私人住家，並不構成公然猥褻罪；加上雙方並無對價關係，義工又拒收任何饋贈，執法單位很難入罪。[14]這種遊走於法律灰色地帶的做法，有人贊成，有人反對，PTT網站上充斥著「違法亂紀」、「蔑視道德」的批評。

就我看來，成年人的性只要是「合意自主」，國家都不該以保護之名行處罰之實，這不只是用制度限縮成年者性滿足的機會，也是阻礙人們互相瞭解、面對、溝通與承擔的能力。手天使看到成年障礙者的需要，願意理解並予以協助，雙方既不涉及金錢，又不違反個人意願，私底下做想做的事，與道德或治安何干？外人又何需置喙？

我們社會普遍缺乏的，是接納各種可能性，而非以法律去框架特定道德標準。無論是手天使也好，White Hands（白手套組織）、SEHP（性與障礙協會）、APPAS（性陪伴促進協會）、LoveGiver（給你愛協會）也罷，他們的做法或許不盡完美，至少將

---

11 同注7。

12 根據《社會秩序維護法》第八十一條：「有下列各款行為之一者，處三日以下拘留，併處新臺幣一萬元以上五萬元以下罰鍰；其情節重大者，得加重拘留至五日：一、媒合性交易。但媒合符合前條第一款但書規定之性交易者，不適用之。二、在公共場所或公眾得出入之場所，意圖媒合性交易而拉客。」

13 根據《刑法》第十條第五項的規定：「稱性交者，謂非基於正當目的所為之下列性侵入行為：一、以性器進入他人之性器、肛門或口腔，或使之接合之行為；二、以性器以外之其他身體部位或器物進入他人之性器、肛門，或使之合之行為。」

14 日本白手套組織提供的是收費服務，但根據日本的《風俗營業法》或《賣春防治法》，並找不到禁止他們的法源依據，讓執法單位頗為苦惱。

觸角探入了無人關懷之境，攪動了過去被認為不足掛齒的問題，迫使我們思考那些不被思考的、重要且尚未釐清的議題。

瞭解障礙者的性，不僅是瞭解社會如何對待他們，更是研究社會如何定義「正常」與對待「差異」的起點。關於這點，我們所知甚淺，而一場攸關人性的挑戰，才正要開始。

七、世間之路

性、障礙與國家

相處讓差異浮現，也開啟了因差異而產生的好奇、疑惑與探問。

每每聽障礙者坦率吐露慾望，我都能感受到一股深沉的無奈，因他們的經驗是不被看見、不被接受、甚至是被剝奪的。正如某障礙友人開玩笑說，只要五公分的階梯，就是天堂與地獄的差別——如果這五公分的階梯，正好橫在三溫暖前面。問題是，除了像他這樣想進卻進不去的人，誰在乎酒店或三溫暖有沒有無障礙設施？

障礙者的慾望不斷被貶抑與限縮，常讓問題轉嫁到家屬、護士、看護或居服員身上。他們必須近身碰觸障礙者，而且是親密的接觸，若障礙者出現性需求、性衝動時，除了口頭安撫或心理輔導，還能怎麼做？若障礙者暗示、騷擾、或直接要求，又該如何回應？是不必當真，笑著閃避問題？還是立刻反擊，怒罵回去？如果再怎麼克制也無法忍受，是否該主動要求更動工作配置？

這些問題既沒有標準答案，更沒有現成的標準處理流程，人人只得自尋出路。

大約在十多年前，花蓮玉里醫院溪口園區首開先例，為精神病患開設「世外桃源房」自慰室。護理人員先評估病患者的意識、精神狀態及認知功能，等病情穩定了可申請預約，在獨立空間裡自行解決。這個房間備有二十九吋電視機、光碟機、數十片A片、保險套、衛生紙、充氣娃娃，並貼有露點美女圖「助性」，院方認為如此既可降低外出買春的風險，亦可避免因控制不了而侵犯他人的問題。[1]但後來不知什麼原因，「世外桃源房」消失了，此後也沒有其他機構跟進。

二〇一六年，英國東薩克斯雀斯里（Chaseley）安養機構傳出替院民安排性服務的消息，引發喧然大波。該機構前任經理巴洛（Helena Barrow）指出，障礙者常因慾求不滿而沮喪，進而觸摸員工身體，才決定代院民撥電話或上網尋找合法性工作者，再由他們自行安排後續事宜。巴洛認為，法律沒有禁止性工作者為障礙者服務，機構這麼做是「提供全方位服務的機構該做的事」。但這樣的舉措引起當地居民強烈反彈，地方議會更以為將造成「障礙者的剝削與虐待」。

在柴里傳統基金會（Chailey Heritage Foundation）負責社會照護的班克斯（Denise Banks）卻有不同想法。她認為，若是障礙者有需求，機構就必須協助，若是拒絕的話，就是違反人權法案精神。她表示，機構應提供兼具隱私與尊嚴的場所，讓他們更愉悅地進行性事，同時應妥善制定相關政策。英國性健康與障礙聯盟（Sexual Health and Disability Allliance）召集人歐文（Dr. Tuppy Owens）也持相同看法，認為障礙者活在永無止盡的挫折之中，若想滿足性慾卻連撥電話都做不到，機構當然應該協助，何況這麼做又不違法；真正違法的，是障礙者被否定了應有的權利。[2]

我國養護機構是否會提供這類服務？據我所知應該沒有，畢竟「性」在臺灣仍是極其禁忌、隱諱的事，且性交易尚未合法化，沒有機構願意承擔這樣的責任或風險。但我確實聽說有個別照顧者或社工偷偷帶障礙者去買春，這或許是因理解而產生的慈悲吧。

1 〈精神病患自慰室　國內首創〉，許佳惠、甯瑋瑜，《蘋果日報》，二〇〇七年二月五日。

2 "Investigation launched into prostitutes at a care home," Telegraph reporters, *Telegraph*, 29 Jan. 2013.

二〇一二年頒布的《身心障礙者個人照顧服務辦法》規定，凡是醫事服務機構、社會福利團體或家庭教育團體，應提供障礙者性教育及性諮詢，其中對「性諮詢」的定義是：「提供十八歲以上之身心障礙者身體探索及瞭解、建立性自尊、性行為模式、性伴侶關係之諮詢服務。」至於「性教育」與「性諮詢」的具體內容與操作流程是什麼？卻沒人說的清楚。

一般知道北歐國家性觀念相對開放，卻不知在「觀念開放」的背後，是對「性」的認真態度。以丹麥《社會服務法》為例，重度障礙者的個人助理（personal assistant）除了協助洗澡、更衣、進食及移動，還必須協助滿足性需求，包括幫忙脫衣、上下床、或是買春。丹麥政府製作的《障礙者性輔助指南》（*Guidelines about Sexuality—Regardless of Handicap*）明文規定，團體家屋（group home，住民包括障礙者、老人或行動不便者）的員工及個人助理要如何協助使用性輔具、自慰及連絡性工作者，若是受服務者想自慰，會先將輔具或擺設安排好，協助調整好姿勢，等約定時間到了，再進去整理房間。[3]

但瑞典的做法卻不是如此。若個人助理覺得受服務者的要求，與他的勞動權益或價值觀抵觸，可以拒絕或終止服務。根據學者茱莉亞・班納（Julia Bahner）的研究，瑞典個人助理的薪資偏低，工作內容不被重視，照護方法又沒有固定流程，全由受服務者單方面決定，在這樣不對等的雇用關係之中，個人助理願意協助的意願自然降低許多。

個人助理PA（是個人助理簡稱，也是受訪者的化名）在接受班納訪談時表示，她服務過家中堆滿色情書刊的人，也有直接在她面前自慰的人，這讓她既困擾又憤怒。她同意人人都可以表達性需求，如果是在自己房間，自然沒人管得到，但是身為個人助理，她不想留在現場目睹一切：

> 我自認對裸體與性的態度相當坦然，但我認為像他（受服務者）這麼年輕的男人，坐在像我這麼年輕的女人旁邊，這真是太……太奇怪了。但與此同時我也瞭解，這絕對是他的權利，但我不認為我有義務必須待在這個房間裡。[4]

3 以上參考《男性肢體障礙者性需求如何滿足與協商》，洪作綱，陽明大學衛生福利研究所碩士論文，二〇一六。

4 PA的說法見 "I don't want a sexualized workplace!-Personal assistance services and sexuality issues," Julia Bahner, 2010。原文以瑞典文寫作，且篇幅較長，我看的是短版英文版，見 http://enhemlighet.se/wp-content/uploads/2012/09/SW2234.-J.-Bahner.-Vetenskaplig-artikel.-Personal-assistance-and-sexuality-issues..pdf。

但PA也承認，若服務對象是重障者，就算他們的對話再怎麼直接、露骨，也不會覺得不舒服。這證實了諸多理論與研究一再指出的：障礙者向來被視為無性的存在。至於被問到若是對方要她協助性事，怎麼辦？PA的回答是：

即使與受服務者每天相處在一起，我仍希望保有自己的隱私……我的意思是說，我不希望自己在一個充滿性的工作場域裡，即使這是我的工作。我希望他們在我離開之後再做那檔事。但我也瞭解，這對大多數受照顧者來說是不可能的，因為他們就是需要協助。但我不想留在我聽得到、或看得到的地方，我也一點都不想提供協助。我就是沒辦法。若有其他人願意協助的話，我倒是無所謂，當然，我一定會離開，例如帶寶寶出去散步。[5]

同樣是北歐國家，為何丹麥與瑞典有不同做法？班納認為，原因在於丹麥是性交易合法國家，瑞典則不是。

這樣的推論，讓我想到倡議性交易除罪化的日日春關懷互助協會。日日春主張每個人都需要親密關係，無論是障礙者、老人、窮人、遊民，只要沒有侵害到他人權益，尋求性的機會都該受到理解與尊重，而性交易除罪化是解決經濟條件、資訊管道及行動自由不足的弱勢者性需求的根本辦法。我們從日日春成員的投書可看出其主張脈絡：

情慾資源與條件就像金字塔一樣，愈優越與上層的社會位置，愈有相應的資源條件滿足性與親密需要，而貧窮的重障者就位於金字塔的最底層……以算障團三十六歲的重度肌肉萎縮障礙者周志文為例……要找到性愛合一的真命天女幾乎是不可能的任務。首先，她要有至少月入七、八萬的高收入，因為志文無法工作只能領低收入戶補助；也要有時間可以照顧志文，舉凡上下床、吃飯、洗澡、睡覺、大小號、翻身和使用呼吸器等；又因為志文的障礙只能以女上男下的體位進行性行為，伴侶完事後可能已經累得半死，但睡覺時還要一夜醒來三、四次協助志文翻身。綜合以上的生活承擔，還要能夠始終如一地愛著志文，這真的有可能嗎？臺灣目前的政策現狀，就是把重障者所有的需求，包含照顧、經濟與性需求

5 同注4。

都擠在家庭裡，要家人與另一半承擔，而婚姻正是複製這樣的結構。臺灣不少重障者期待用婚姻來合情合理合法地滿足性需求，期待久了就變成結婚與否等於人生是否成功的指標。許多家屬在面對這樣處境，還能出得起幾十萬的，就娶新移民來兼顧養家活口、照顧人力與性的資源，但是大多導致婚姻無法長久……

條件資源優渥的障礙者可以用其他方式購買私人服務來符合所有需求……弱勢底層的重障者卻只能望穿秋水。與其進入婚姻，重障者需要的是符合需求的人力支持政策來減輕家人負擔，並且將性交易除罪化，讓沒辦法進入婚姻的人，或是進入婚姻也無法解決性需求的人，能有解決的管道……

臺灣很多人在面對重障者的「性」就是裝作看不見，只能以特定方式存在，甚至是閉著眼睛踩過去，不願意務實面對解決障礙者的性資源與情慾出口……我們認為，滿足重障者與其他弱勢嫖客的親密／情慾／性需求的根本之道，就是落實性交易合法化，如此也有助於讓重障者，甚至是家屬，有不同想像的可能，而非只把性放在婚姻裡才能滿足。[6]

性資源與資本成正比，是不證自明的事實。但日日春公然標舉「情慾資源不該因階級而有差別」做為性交易除罪化的理由，始終是贊成者寡，反對者眾。

以勵馨基金會、女人連線、臺灣展翅協會等十餘個團體組成的反性剝削聯盟，可說是國內反對性交易合法化的代表團體。該聯盟認為，女性從事性交易是「匱乏下的選擇」，就算她們自認有主控權，但在社會或性產業中仍是被宰制的客體。二〇一一年，該聯盟發表聲明指出：

> 性產業事實上潛藏嚴重的性別宰制問題……這種以女性為賣方，男性為買方的生態，長久以來強化了性產業中以女性為性客體的態度。因此，即使時至今日，或有人認為，女性對於從事性工作有所謂自主權，實則無論在社會或性產業當中，無所不在的物化女性的眼光，已經讓身在其中的女性成為性別權力關係中被宰制的一個客體。
>
> 此外，國內外的經驗均顯示，在性交易合法的地區，因為執法人員不能進入查緝，導致受到控制性剝削的人口販運被害人，更缺乏獲救的機會；而由於娼館在

6〈1%人生勝利組乙武洋匡vs. 99%魯蛇剩男重障者〉，周志文、賴宗育、蕭怡婷、郭姵妤，《風傳媒》，二〇一六年三月二十九日。

性剝削的被害人身上所獲得的暴利，是遠超過其他的從娼婦女，再加上性交易市場中商業化操作嘗鮮與嘗新的手段，更容易讓娼館在高額利潤的誘使下，以合法掩護非法來窩藏犯罪。……就法律面來看，性交易合法化與我國法律價值體系衝突，在我國立法價值選擇上，對於以人的身體為交易標的均以「妨礙公序良俗」而認為無效，或認為根本不可以以有償方式進行與人的身體有關的市場交換，例如：我國的「人體器官移植條例」對於器官買賣是禁止；而在所謂「以人為奴隸」的約定亦認為無效契約，或是「約定行房一次要給付對價」的夫妻約定等，都是法律價值選擇過程中，目前仍然無法承認與人的身體有關的有償交易應該轉承認為合法，或是一種法律值得保護的價值。

而且成人性交易一旦合法化，就等於臺灣社會同意性交易是可以合法選擇的工作。如此一來，為什麼又禁止未成年（十八歲以下）去從事性交易？一旦性交易合法化之後，社福團體在輔導的過程中該傳遞孩子哪種價值觀呢？在為學生進行就業輔導的時候，是否也要將「性交易」列為工作的選項之一？

最後是鮮少人討論卻十分重要的，性交易合法化後，嫖客及性產業所衍生的問題，如嫖妓的行為深深傷害夫妻之間的親密關係，同時將性病傳染給不知情的妻子或女友，造成眾多女性及家庭的惡夢；性產業龐大利益形成非法利益輸送的管道，引起人口販運、增加毒品及幫派暴力氾濫等，對我們的社會產生極大的危害。[7]

大抵而言，該聯盟反對性交易合法化的理由，包括「與立法價值體系衝突」、「無法禁止未成年者從事性交易」、「嫖妓行為深深傷害夫妻間的親密關係」、「性產業龐大利益形成非法利益輸送管道」。聯盟並建議政府應提出「友善婦女的福利及就業政策，對已從娼者，應有多元協助」，至於障礙者的性需求是否會因而受到影響，聲明中並沒有提及。

性交易合法化，是不是解決障礙者性需求的根本之道？身心障礙聯盟祕書長滕西華認為這個問題十分複雜，社會輿論的討論亦頗為兩極，一時很難談得清楚。但她也坦承，自從二〇〇一年臺北市廢除公娼後，身為社工的她是有點困擾，因她不知如何替精障個案C解決性需求。

7〈為什麼反對性交易合法化——反性剝削聯盟的主張〉，李麗芬，《新社會政策》，二〇一一年二月。

C是年過四十、精力旺盛的男子，擔心無法滿足的慾望會驅使自己做出不該做的事，主動向滕西華求助。「做為一個社工，個案願意來跟你討論這種問題，我覺得應該是要感到高興啦，至少他願意跟你坦承他的困擾。我對這方面的態度是很open的，那時臺北市還有公娼，我想，與其讓他自己亂找，風險還比較高，不如我來吧！」

透過C的介紹，滕西華找到公娼，主動說明C的身心狀況，待對方理解並同意接客，再向C叮嚀過程應有的禮儀，包括事前沐浴、要有禮貌、必須戴保險套等。C討價還價說，我不想戴套子，可不可以？滕西華明白表示，不戴的話可能會生病，萬一下面爛掉了，就沒有下一次了；而且對方可能也不願意。她花了許多力氣居中穿梭，讓彼此充分瞭解對方狀況，並殷殷提醒雙方注意事項，剩下的，就是他們的事了。

「社工出面媒合這種事，你會不會覺得不舒服，或是感到困擾？」我問道。

「不會啊，」滕西華爽朗答道：「這也不太像是媒合啦，主要是個案已經知道有什麼管道，我只是進一步評估風險。社工的養成過程與倫理教育告訴我，不管個案說了什麼、或是做了什麼，都不該當成是禁忌，所以我很少對他們有個人的好惡。既然公娼是合法的，我所做的，只是確認這個管道有沒有問題，沒有倫理上面的衝擊。幫忙個案找公娼？可以，殺人放火？當然不行……」然後她有點感慨地說：「這種事在專業體系是完全不談的，只好自己想辦法！」

公娼廢除以後，合法的管道沒了，她又不願找私娼，個案的需求成了棘手的難題。「這件事對我來說，有相當大的挑戰和矛盾，但我知道，我不能純就個案的角度思考，而忽略了整體性產業對女性的剝削。可是對障礙者來說，他們就是沒有管道解決，或者一輩子只能靠自己雙手滿足，怎麼辦？透過性交易或許不是個好方法，但壓抑慾望並不能解決問題，只會讓他們沒有機會瞭解性安全、性禮貌與性健康，更別說是學習與人互動，如何交往，發展親密關係了。」

滕西華認為，以否定、或分散注意力來減少慾望，會造成罪惡感，形成自我偏見，認為自己是病態、醜陋、不值得被愛的，結果適得其反。她強調健康完整的性應包括「性生理」與「性心理」兩個部分，一般在提及障礙者的性需求時，過度集中在「性生理」的滿足，而忽略「性心理」的愉悅。她認為，障礙者需要更多瞭解「正確」性教育的機會與管道，例如經由專業的性諮商理解性是什麼，慾望是什麼，如何以正確的社交管道得到滿足，這些都是可以努力的方向。至於政府或民間是否要直接提供性服務？誰來提供？又該如何規範？她無法想像這會是什麼樣的狀況，很難表態表示贊成或反對。

溫哥華「被剝削之聲聯盟」（Exploited Voices' Allies）的潔絲．馬汀（Jess Martin）從

「以障礙者為主體」的角度，否定「性交易可解決障礙者需求」的說法。她認為，性交易將損害真正親密關係的建立，而障礙男性透過邊緣女性提供性服務，也沒有任何正當性，這完全是健全主義（ableism）的產物：

當我聽到非障礙者將性交易視為障礙者的人權或性表現議題時便怒火中燒。這種論點隱含了錯誤的陳述：障礙者沒有性吸引力，沒有人想要無償與他們發生性關係……障礙者不會為了尋求親密關係或性而需要賣淫制度……

障礙男性的性慾不能優先於女性的平等。即使搭擋式的性是人類的權利，也不能正當化性交易制度的存在，這是一個根深柢固不平等的制度……即使障礙男性無法找到願意發生關係的對象，難道透過這群最邊緣的女性——其中很多本身有生理、智力或發育障礙——來提供這項「服務」，就是正當的嗎？我不認為如此。讓兩個弱勢族群鬥爭利益、彼此對抗令人無法接受。

我確實認為社會必須讓障礙者的性更容易取得、而且更為愉悅，然而我不認為性交易是進步的。事實上，這是對立的。我們應該朝向通訊及機械技術的發展，以及大眾教育來取代性交易制度……任何一個提供性交易給障礙者做為相互滿足、無償性交替代品的社會，無疑是退化的社會。[8]

兩個成年人之間合意的性交易，公權力是否適合介入？若介入的話，又可以規範到什麼程度？這麼做到底是協助，還是監禁？需要透過法律認可或國家許諾才能得到的性，是否違悖人權的基本假設？難道每個人必須以符合社會普遍認同的性觀念及行為模式，「依法慾望」、「依法交媾」？

性與障礙的關係，仍有太多更細緻而幽微的議題，有待進一步釐清。

性、身體與解放

讀過《性義工》的讀者應對荷蘭政府提供「性補助金」的事大感驚訝。這樣的做法對一般來說簡直是前所未聞，更不敢想像。

該書作者是二〇〇二年至荷蘭採訪時，從SAR（媒合另一種關係基金會）會長瑪

8 "The notion that it's OK for disabled men to pay for sex is rooted in misogyny and ableism," Jess Martin, *Feminist Current*, 11 Nov. 2014.

格麗特那裡獲知這個訊息。瑪格麗特提到該國有三十六個自治市提供輔助金給障礙者，拿過補助金的漢斯．比克亦證實了這點。支付比克補助金的多爾多雷特市政府向作者表示，申請者必須符合低收入、沒有性伴侶、無法自慰才能申請，十年來符合資格的只有五個人。但當作者向其他城市求證時，得到的答案都是「沒有發放」——原來這個政策無法被市民認同，他們不想承認。[9]二〇一六年，香港婦女基督徒協會的「殘障與性研究工作小組」親赴荷蘭調查，發現十多年前確實有這樣的福利，但近年已鮮少聽聞。[10]

荷蘭經驗固然是零星個案，至少提供了一個極具挑戰性的思考角度：障礙者的性需求，可否被視為社會照顧的一環？

根據二〇〇六年聯合國頒布的《身心障礙者權利公約》（*Convention on the Rights of Persons with Disabilities*，CRPD）第二十五條關於「健康」的規定，締約國必須「提供身心障礙者及其他人享有同等範圍、質量與標準之免費或可負擔之健康照護與方案，包括於性與生育健康及全民公共衛生方案領域」。然而障礙者的性與生育健康需求，該如何進行評估？在這個議題仍舊曖昧隱諱之際，期待公部門主動回應，無異是緣木求魚。衛福部官員說的很坦白：

> 目前資源相當有限，這樣的資源會不會配置在私領域，甚至性服務的資源配置，其實目前是沒有規劃的，特別是在某些層面上還是有一些爭議。（記者：你所謂的爭議是指？）就是政府把資源提供在似乎是「不是最優先的服務項目」上面，這個我們曾經也有瞭解過，其實很多的意見對這方面是保留的。其實在資源有限的情況下，某一些服務它必然是放在比較優先的順位上，有一些服務可能在現階段，甚至我不知道什麼時候會考慮到那個部分，畢竟很多的需求持續在出現。[11]

如果性交易合法化難以取得社會共識，那麼《鐵肺人生》的奧布萊恩採用的性代理人（sex surrogate），是否值得考慮？

「性代理人」是治療性功能障礙先驅馬斯特（William Masters）和強森（Virginia

---

9 見《性義工》，頁一六四及頁一七〇至一七一。作者除引述瑪格麗特「荷蘭有三十六個自治市提供性愛輔助金」的說法，亦指出多爾多雷特市政府表明「十年來只有五人符合」，但幾乎所有中文媒體報導與資料都只引用瑪格麗特的話，而捨棄多爾多雷特市政府的說法，讓許多人一直誤以為該國發放性愛補助金的情況極為普遍。

10 見「荷蘭殘障與性權考察二〇一六」（國語版），香港婦女基督徒協會，https://www.youtube.com/watch?v=cCPLKPhobhw。

11 〈我的天使你的手（二）：待掙脫的束縛〉，王韋婷，中央廣播電臺官網，二〇一六年七月二十六日。

Johnson）在一九七〇年提出的療法。他們認為「性問題」就是「伴侶問題」，必須雙方共同進行治療，透過擁抱、按摩等觸覺刺激體驗與享受身體快感，克服對親密關係的恐懼與焦慮。因為客戶未必有固定伴侶，他們透過應徵找性代理人，或客戶自行尋找替代夥伴（replacement partner），以取代伴侶在療程中的角色。

一九八〇年代，奧布萊恩透過加州洛杉磯「性與障礙中心」（Center on Sexuality and Disability）牽線，找到專業性代理人雪柔・葛林（Cheryl Cohen Greene）進行了數次付費療程。葛林透過細緻的撫摸與碰觸，幫助他瞭解自己的敏感帶，讓他身心大受震撼。某次葛林拿出一面鏡子，要他說出鏡子裡赤裸的自己是怎麼樣的人，奧布萊恩自從六歲就沒見過自己身體，這回透過鏡子仔細端詳，發現他的身體沒有想像中那麼恐怖或扭曲。事後他告訴友人，這段經驗改變了他的人生，讓他感受到「勝利、潔淨，而且寬慰」。[12]

葛林是透過什麼樣的技巧與態度，讓奧布萊恩有著如此獨特的感受？她在自傳《親密生活：性、愛與我的性代理人生涯》（*An Intimate Life: Sex, Love and My Journey as a Surrogate Partner*）中透露，她的工作是協助客戶解決欠缺經驗、害怕親密關係、無法勃起或羞恥感等問題，不只是得到快感而已。她花很多時間親吻、撫觸及談天，從解剖學及性慾的角度，引導客戶瞭解身體的功能，目的是「建立健康的親密關係」，而建立親密關係的重要性，要遠遠超過純粹生理的滿足：

每個人都有權利透過性得到滿足與愛，根據我的經驗，它也是最能帶來堅實的溝通、高度的自信及探索的意願。我的任務是啟發人們以坦誠無懼的心態達到這個目的。[13]

葛林透過實際操作，教導客戶如何去「愛」。她在療程中創造了充滿信任、包容又開放的氛圍，讓對方放心地呈現真我；她自認提供的不只是「性」的服務，而是「愛」的治療。

性代理人協助有性障礙（不論是心因性或功能性）的人（不只是障礙者）解決性的問題，是否算醫療行為？至今仍有爭議。當年馬斯特和強森不認為性代理人是治療師

12 見 "On Seeing A Sex Surrogate," Mark O 'Brien, *The Sun*, Issue 174, May 1990.
13 *An Intimate Life: Sex, Love and My Journey as a Surrogate Partner*, Cheryl Cohen Greene, 2012。我看的是節錄版：http://www.stuff.co.nz/life-style/love-sex/8081698/I-ve-had-900-sex-partners。

（therapist），而是協助者（helper），因其中牽涉到專業認定。例如，如何確認性代理人的工作內容？有人認為是醫療行為，有人覺得是感官冒險，有人覺得就是買春，並無一致看法，且自稱性代理人、卻掛羊頭賣狗肉的色情業者比比皆是。至今美國只有一間性代理人認證機構，就是美國性教育者和諮詢師協會（American Association of Sexuality Educators and Counselors），要求申請認證者必須是有證照的社工或心理醫生，可見合格、合法的性代理人並不多。

當然，並不是所有障礙者都支持性代理人的做法。腦痲的女性主義作家艾琳・泰坦（Erin Tatum）便批評，期待性代理人解決障礙者的性，無疑是過度簡化了問題，就像《性福療程》這類電影不可避免落入的窠臼：障礙者選擇性交易，只是想擺脫處子之身、對抗社會規範、或者是孤獨的緣故，好像只要障礙者破了處，任何困境便可迎刃而解：

> 無論如何坦率地處理這個議題，障礙者的性總是不被尊重，就算這樣的行為得到某種認可，障礙者仍不時會被提醒，我們的情慾必須透過刻意安排、在無法生育的痛苦下才能得到。終究，沒有人真正視障礙者為慾望的對象。這樣的文化汙

> 名從不曾被質疑，而且愈來愈強大……
>
> 如果有人決定進行性交易，那是他們的選擇。然而，這不應該是我們唯一的選項。如果我們要的不只是性呢？如果我們要的是對話？約會？伴侶呢？如果我們只是想跟迷人的人調情，讓對方感到榮幸，而不是噁心或好笑呢？……當性被視為人類基本經驗時，協助某些人得到這些經驗，成為主流社會去除罪惡感的手段，「允許」障礙者相信取得了社會平等（不是雙關語），真是他媽的可笑極了。[14]

前身心障礙聯盟祕書長、立委王榮璋認為，若是障礙者必須經由專業諮商與評估，才能「被決定」個人慾望能否得到滿足，他懷疑有人會願意透過性代理人來達成目的。他打了個有趣的比方說：

「這就好像我今天想吃魯肉飯，還要有人幫我評估適不適合吃？還要我自己分析，為什麼要吃魯肉飯，而不是雞肉飯？我想任何人在做完這些評估以後，大概已經沒什麼胃口吃東西了。何況，每個人食量不同，有人一餐吃一碗就飽了，有人一餐得吃三

---

14 "Why Getting Laid Isn't the Answer to Ableism," Erin Tatum, *Everyday Feminism Magazine*, 28 Jan 2014.

碗，這樣的需求要如何衡量？怎麼評估？我真的很難想像！」

王榮璋表示，「性」與「親密關係」是一體兩面，而後者是外界無法提供的。目前相關議題的討論過度強調性本身，忽略了親密關係的重要性，就算政府有意促成這類服務，在性交易尚未合法化前，是否要特別針對部分對象（如老弱殘疾）鬆綁法令，讓他們可以合法交易？或另行制定一套規範，經過專業評估符合某些條件（什麼樣的條件），便可進行交易？對此他持保留態度：

「我認為障礙者不能自外於整個社會。如果政府刻意把障礙者特殊化，讓全臺灣只有他們可以合法買春，或是透過專業評估可以找性代理人，這才是對障礙者最大的歧視！」

王榮璋提到，手天使的出現，讓外界注意到這個向來無人碰觸的議題，他樂觀其成。至於政府或民間是否要直接、或間接提供相關服務？性代理人制度是實驗、解方、或引發新的爭議？除非整體社會對性、對障礙者的態度有徹底翻轉的可能，否則這類問題終將無解。

就如同脊髓損傷的「殺手」所言：

> 真的不一定要上床做愛做的事，我們真正想要的是，證明自己還能跟一般人一樣，可以談戀愛，有愛人及被愛的權利，還可以有性生活，而不是被社會傳統的想法觀感牽絆著，不能大聲說出想要的心聲。誰規定身障者就不能有情慾生活，就要被約束被拿放大鏡檢視嗎？情慾的宣洩就跟一般人一樣，只是形式感受不同而已。兩性關係的培養，親密的互動，都可以讓我們身障朋友，享有做人的基本權利及價值。[15]

人類所有的差異都可能被汙名化，正如主流社會經常將障礙者的性病理化、妖魔化，倡權者只能在有限的資源與條件之下摸索，甚至是帶著傷害、痛苦和不堪踽踽前行。但，觀念的變革絕非一蹴可幾，如何在高亢和低潮之間找出解決之道？

或許目前我們最需要的，不是法令或制度的變革，而是性觀念的解放——不是性氾濫，而是知識與心態的解放，不要一提到性或性教育，只會想到多P、同志、亂倫、一夜情、人獸交，把性需求全然問題化、焦慮化，這是在邁向更開闊自由的未來之前，

15〈可以說的祕密〉，殺手，身心障礙者服務資訊網，二〇一〇年九月二十八日。

必須先突破的心理門檻。

身體是人類掌握自我的工具，也是與外在溝通的手段，它不只是單純肉身的存在，更是進入世界的重要管道。同理他人的苦楚與歡愉，理解社會的暗影與光明，是每個人都必須學習的課題，但願在不久的將來，任何人的性都不需要被保障或是被解放，每個人得以透過獨一無二的肉身，從愛慾中得到真實的快樂，而不是束縛、枷鎖與罪咎。

把身而為人的尊嚴，還給每個障礙者。這不是人道的同情，而是人性的展現。

走出幽黯

黃智堅（Vincent）

幽禁，是我人生的起點，老天爺殘忍到不讓我記憶丁點走路的感覺滋味，在會走路的一歲三個月時，讓我趕流行終身揹負著不知名的「罪孽」——從小兒麻痺到現在的老兒麻痺。外在樂觀的形象，有多少人可以看到我內心，那一條長長的幽抑。只能說樂觀是維持生命的養分，一切的解脫，殆至入土才能成塵。

幽黯，則是我人生的轉捩點，歷經二十九年和殘障[1]抗戰，我終悟到如何與它共存共榮，始得無拘束輪走人生。但如影隨形的老天爺，在二十九歲這年，又把我拉入了黑暗王國，讓我愛上異性戀的男性好友。我成了黑夜王國新公園裡的孽子（又是一種流行？有人說同性戀是流行……）。老天爺喜滋滋地以為又將囚禁我生生世世，哈哈～

我可以體會孫悟空何以想跳脫如來佛的手掌心，老孫是失敗了！但我這被殘障囚禁了二十九年的老麻，已悟得箇中奧妙！看你奈我何？

說真的，我幼小母親懷胎七月，揹我上苗山[2]，為求得一粒仙丹，祈望治癒我的小兒麻痺。母親她仍徹底失望了，幼兒的我不瞭解她的失落，但在二十九年的殘障摧殘折磨中，我像似也練成了獨孤求殘的仙丹——體驗不完美中的完美。這仙丹讓我具備了與汙名共榮，並有能力去翻轉的能量！老天爺對不起，我已有能力翻轉我的殘障人生，而同性戀我也更有能力去翻轉，同性戀之於殘障太小兒科了！從和小兒麻痺共存共榮開始，面對汙名我始終以翻轉為我的盾牌。但年紀漸長後，我才發現，老天爺太厚愛我了，原來祂是以同性戀的身分，獎賞我辛苦的殘障人生。殘障和同性戀是我這一生最大的優點，也化成滋養我在同志和殘障等等社會運動的養分。

初看到書名「幽黯國度」這四個大字，心頭為之一震，我還以為是昭如為我寫的書呀！完全吻合我的人生。現在想來，我還真個馬不知臉長，但也誤會大了，所以才不自量力答應寫了這篇，昭如面前我何德何能呀！但已出嘴的承諾，只能勤勞地拜讀完整本大作（我男友都受不了我，笑我看書或文章之慢，真的比烏龜還要慢，我看到後面忘了前面，又回頭重爬一遍。我尚未看完一章節，他已然看完了整篇。但我始終以小時候讀過的龜兔賽跑自勉，但至今也還是沒跑到終點過啦），以我最誠懇的心，向各位讀者分享一下我的想法。有幸或能和昭如的大作擦邊球，不幸的則是歸於我的高職學歷太低了，但我會盡可能努力分享，以挽救昭如和編輯對我的信任（應該是鼓勵吧，但說真的他們也真不怕死耶），千萬不要將我這篇推薦看作這本書的水準。昭如這本《幽黯國度：障礙者的愛與性》，還真的讓我這位資深殘障者感動，我不喜歡以學術性質的論述來探討殘障議題，唯愛在現實生活中，看見殘障者的喜怒哀樂和生命處境。

當我看到一個又一個，被昭如找出來的受訪者，陳述其殘缺人生裡的點點滴滴，我不盡地驚訝，她怎麼會有這能耐的？在爬梳昭如的文字時，我彷如回到手天使的工作，擔任訪談義工時，和受服務者（即申請者）一個半月的訪談時間裡，我要進入他們的生命裡，感受我們在殘障的悲歡。手天使一直堅持用平等、沒有階級的態度去進

1 我們五年級生那年代，都以殘障者稱呼障礙者。後經前立委徐中雄提出身心障礙者以代替。我個人不喜歡殘障這個詞，更不喜歡身心障礙者這個詞。換了名字會更好嗎？答案如是肯定的，我當舉雙手支持。但換成身心障礙者這個詞，卻仍不能接受自已的殘障事實（這仍是自卑和逃避自已的心理現象），而身心障礙福利也不會更好，有什麼意義？我個人多年擁抱殘障這個詞，倒是讓自已更勇於面對和接受殘缺的事實，進而有翻轉殘障這一汙名的動力，我想這就是我和小兒麻痺共存共榮的體現吧！所以我在這篇文裡，仍堅持使用殘障這個詞，請原諒我對我殘障生命的堅持，但我仍尊重大家要用殘障或身障的自由。

2 苗山是我的出生地寮國的一個山區。

行服務。所以在接觸受服務者時，訪談義工都是由殘障者來擔任，當我們見面對談時，不用多說什麼即表現了平等的意念。而我們自然對談，不需思索就瞭解了我們殘障生命的共同語言。甚至很快在訪談中，因自然而然達到朋友位階，我還被吐嘈了，問我難不難過？我高興都來不及了呢！只有朋友才敢如此自在地吐嘈。不是嗎？也因此我更快就進入了他們的生命，話無不盡的結果，也讓我能幫助性義工和行政義工對於受服務者有更詳盡的認識，在當下更能提供完整的服務。當您也看了昭如書中，她老實地寫出一再被吐嘈時，一定會和我一樣不禁在心中微笑（好啦，我承認我好像趁此吐嘈昭如啦）。我在她的訪談文字裡，感受她把身段放到和殘障受訪者一般，這是我佩服的地方。我要殘酷地說，這社會在對待殘障者時，在心中表現出的是高高在上，是我施捨你，我是高你一等的！施者無感，受者卻承受另類的霸凌，一種階級感的凌辱。尤其在以愛之名時，何等地讓人厭惡。故在手天使的服務裡，是不會感到這種另類霸凌，在昭如的文字裡也是顯現出此種平等，非常感人。

在書中看到昭如訪談女性殘障者時，心中剎是感動！女性在面對慾望時，是不容易開口的，很多是來自周邊同儕，不然就是家人的壓力，加上無形的傳統觀念，仍然是女性無法去除的枷鎖。一般女性都如此，更何況是重障的女性；而敢開口談性的，旁人即便如同女性友人，也多不能接受。手天使這五年來，只有在二年前，才好不容易替化名「美女」的女性完成服務。讓我難過的一件事，是在前年的「礙美愛美」活動中，手天使幫重障者找來髮型設計師和造形師，精心幫重障者打扮一番，並透過攝影師留下美麗的身影。然而我們在為美好的一件事感到喜悅時，也傳來其中一位女性重障者說，友人看到她燙起了頭髮，竟再三指摘她：「都身障了，怎麼還去燙頭髮？」聽到此話的我，真的傻眼了，既為參加活動的她心疼，也為指摘她的友人難過，難過她被殘障緊箍咒所困而不知，這還真讓我恍如身處於古代，連這種愛美的慾望也有重重障礙。還有昭如訪問女性殘障者時，在追求婚姻路上想都想不到的阻礙，讓人看了都掬以一把同情淚。

在昭如的訪談中，也觸碰到智障者結婚和生小孩的問題，一直有人質疑智障者如何照顧小孩，並以此為由加以反對。我不解，在現今的社會裡，媽寶的年輕人結婚後，生下的小孩也沒人會擔憂他們怎麼照顧？而最後大都丟給父母幫他們照顧。我不是鼓勵大家生下小孩都丟給父母照顧，只是不解為何智障者和一般的媽寶，所得的待遇竟天壤之別？如果大家有關注歐美先進國家的殘障福利政策，會發現他們細緻到當智障者遇到懷孕時，會在產前教導如何照顧嬰兒。回頭看國內的殘障福利政策，卻沒有進步到這一步，讓我替智障者惋惜，甚至，還有人擔心他們會家暴、兒虐或遺棄。大家翻開報紙看看，這些家暴、兒虐或遺棄新聞的施害者，是一般人還是智障者居多？

書中也提到嫁到臺灣的外籍配偶，看了令人心酸，故事背後的複雜殘酷，很難一言以蔽之。如果運用同理心，或能看清一二，但在人性本位的思考裡，卻落入了弱弱相殘的慘境。在難以改變的現況裡，我們若能再有更多同理心，視外配為自己同胞，會不會可以彌補一些缺憾？這現象猶如殘障雇主和外籍移工的弱弱相殘，如出一轍。誠心期待大環境的進步和人心本位的改變，把在這悲境的人兒都拉離苦海。

我是在手天使性義工組織創立後，才更深刻體會到和自已不同障別的殘障者所受的苦痛。但以昭如這樣的直立人（這是近年來肢體障礙者對四肢健全者的稱呼），卻能以同理心深入我們殘障者的生命，再化作隻字片語，向社會大眾讀者開啟了一扇窗，以不說教的方式，訴說一則又一則的故事，令人深思，也化解那一層又一層的障礙。全書都以訪談拉出一個又一個生命故事，不煽情只有淡淡的敘述，而不時又把自已感情微微沁入真誠的文字裡，這不是創作，而是記錄現實社會裡，被大多數人忽略的邊緣角落。我一字一字看，也看到我們手天使和昭如有著相同的理念，踩著相同的步伐，我們企圖呈現真實的殘障者處境，被看到才有被瞭解的機會，也才有被改變的機會。

在手天使一步一步為臺灣障礙者倡議「障礙者的性權即人權」的同時，我卻有深深的隱憂。昭如在書中也提及，據衛福部二〇一六年的性侵害事件通報統計，臺灣一年有八千多件性侵案，其中有超過一成的受害者是障礙者。我從手天使的服務中觀察到，障礙者普遍被認為不會有性需求，甚至被灌輸「有性需求就是偏差」這種充滿誤導的教育，造成障礙者沒有機會認識自己的身體與慾望，也無法保護自己。這在在都需要從教育上著手，無奈臺灣的反同團體聯合了宗教團體，只為了反對同志，硬是要把近年來有成果的性平教育和性教育給逐出校園，這不止是斷送了一般青少年正確認知身體和面對慾望的教育，我更悲哀地預期屬於殘障者的性教育，恐要無限期地延後……這是我內心深深的隱憂啊！這也是有心於性教育的人士不可忽視的重大教育倒退。

幽黯的反義詞是光明，一體兩面，有心如昭如，努力地讓大眾看見障礙圈的幽黯。我有幸和昭如在各自的領域努力，我更期待柳暗之後的花明。我生於幽禁，也走過了幽黯，已然走在陽光下，期待更多的殘障朋友也可以走出幽黯。

■本文作者為手天使創辦人、殘酷兒臺灣殘障同志團體創辦人、臺灣殘障希望工程協會理事長、真情酷兒同志廣播節目主持人

島嶼新書

34

幽黯國度：障礙者的愛與性

作者——陳昭如
執行長——陳蕙慧
總編輯——張惠菁
責任編輯——盛浩偉
行銷總監——陳雅雯
行銷企畫——尹子麟、余一霞
封面設計——蔡南昇
排版——藍天圖物宣字社

社長——郭重興
發行人兼出版總監——曾大福
出版——衛城出版／遠足文化事業股份有限公司
發行——遠足文化事業股份有限公司
地址——二三一四一　新北市新店區民權路一〇八一二號九樓
電話——〇二一二二一八一四一七
傳真——〇二一八六六七一〇六五
客服專線——〇八〇〇一二二一〇二九
法律顧問——華洋法律事務所　蘇文生律師
製版——瑞豐電腦製版印刷股份有限公司
初版——二〇一八年四月
初版二刷——二〇二一年八月
定價——三〇〇元

國家文化藝術基金會
National Culture and Arts Foundation
NCAF

填寫本書線上回函

國家圖書館出版品預行編目資料

幽黯國度：障礙者的愛與性／陳昭如著.
--初版.--新北市：衛城出版：遠足文化發行, 2018.04
面；　公分.--（島嶼新書；34）
ISBN 978-986-96048-7-1（平裝）

1.身心障礙者　2.性知識

548.25　　107004087

ACRO POLIS 衛城

EMAIL　acropolis@bookrep.com.tw
BLOG　www.acropolis.pixnet.net/blog
FACEBOOK　http://zh-tw.facebook.com/acropolispublish

● 親愛的讀者你好，非常感謝你購買衛城出版品。
我們非常需要你的意見，請於回函中告訴我們你對此書的意見，
我們會針對你的意見加強改進。

若不方便郵寄回函，歡迎傳真回函給我們。傳真電話 —— 02-2218-1142

或上網搜尋「衛城出版 FACEBOOK」
http://www.facebook.com/acropolispublish

● 讀者資料

你的性別是 □ 男性 □ 女性 □ 其他

你的職業是 ________________ 你的最高學歷是 ________________

年齡 □ 20 歲以下 □ 21-30 歲 □ 31-40 歲 □ 41-50 歲 □ 51-60 歲 □ 61 歲以上

若你願意留下 e-mail，我們將優先寄送 ________________ 衛城出版相關活動訊息與優惠活動

● 購書資料

● 請問你是從哪裡得知本書出版訊息？（可複選）
□ 實體書店 □ 網路書店 □ 報紙 □ 電視 □ 網路 □ 廣播 □ 雜誌 □ 朋友介紹
□ 參加講座活動 □ 其他 ________

● 是在哪裡購買的呢？（單選）
□ 實體連鎖書店 □ 網路書店 □ 獨立書店 □ 傳統書店 □ 團購 □ 其他 ________

● 讓你燃起購買慾的主要原因是？（可複選）
□ 對此類主題感興趣 □ 參加講座後，覺得好像不賴
□ 覺得書籍設計好美，看起來好有質感！ □ 價格優惠吸引我
□ 議題好熱，好像很多人都在看，我也想知道裡面在寫什麼 □ 其實我沒有買書啦！這是送（借）的
□ 其他 ________

● 如果你覺得這本書還不錯，那它的優點是？（可複選）
□ 內容主題具參考價值 □ 文筆流暢 □ 書籍整體設計優美 □ 價格實在 □ 其他 ________

● 如果你覺得這本書讓你好失望，請務必告訴我們它的缺點（可複選）
□ 內容與想像中不符 □ 文筆不流暢 □ 印刷品質差 □ 版面設計影響閱讀 □ 價格偏高 □ 其他 ________

● 大都經由哪些管道得到書籍出版訊息？（可複選）
□ 實體書店 □ 網路書店 □ 報紙 □ 電視 □ 網路 □ 廣播 □ 親友介紹 □ 圖書館 □ 其他 ______

● 習慣購書的地方是？（可複選）
□ 實體連鎖書店 □ 網路書店 □ 獨立書店 □ 傳統書店 □ 學校團購 □ 其他 ________

● 如果你發現書中錯字或是內文有任何需要改進之處，請不吝給我們指教，我們將於再版時更正錯誤

請沿虛線剪下

廣告回信
板橋郵局登記證
板橋廣字第 1139 號

免貼郵票

23141
新北市新店區民權路108-2 號 9 樓

衛城出版 收

● 請沿虛線對折裝訂後寄回，謝謝！

ACRO POLIS 衛城出版

島嶼新書